일제침탈사
바로알기 29

일제강점기
치안유지법의 성립과 적용

● 전명혁 지음 ●

동북아역사재단
NORTHEAST ASIAN HISTORY FOUNDATION

발간사

    일본이 한국을 침탈한 지 100년이 지나고 한국이 일본의 지배로부터 벗어난 지 70년이 넘었건만 식민 지배에 대한 청산은 이루어지지 못하고 있습니다. 일본의 독도영유권 주장은 도를 넘어섰습니다. 일본은 일본군'위안부', 강제 동원 등 인적 수탈의 강제성도 인정하지 않고 있습니다. 일본군'위안부'와 강제 동원의 피해를 해결하는 방안을 놓고 한일 간의 갈등은 최고조에 이르고 있습니다. 역사문제를 벗어나 무역분쟁, 안보위기 등 현실 문제가 위기 국면을 맞고 있습니다.

    한일 간의 갈등은 식민 지배의 역사를 어떻게 볼 것인가 하는 역사 인식에서 기인합니다. 역사는 현재와 과거의 대화이며 이를 기반으로 미래로 나아갈 수 있습니다. 과거 침략의 역사를 미화하면서 평화로운 미래를 말하는 것은 불가능합니다. 식민 지배와 전쟁 발발의 책임을 인정하지 않고 반성하지 않으면 다시 군국주의가 부활할 수 있고 전쟁이 일어날 위험성도 배제할 수 없습니다. 미래지향적 한일관계를 형성하고 나아가 동아시아의 평화와 번영의 기틀을 조성하기 위해 일본은 식민 지배의 책임을 인정하고 그 청산을 위해 노력해야 할 것입니다.

    식민 지배의 역사를 청산하기 위해서는 식민 지배가 어떻게 이루어졌는지 그 실상을 명확하게 규명하는 일이 긴요합니다. 그동안 일본제국주의에 맞서 조국의 독립을 위해 헌신한 독립운동가들의 활동을 찾아내고 역사적으로 평가하는 일에는 상당한 성과를 거두었습니다.

반면 일제 식민침탈의 구체적인 실상을 규명하는 일에는 충분한 노력을 기울이지 못했습니다. 제국주의가 식민지를 침탈했다는 것은 너무나 당연한 사실로 여겨졌기 때문에 굳이 식민 지배에서 비롯된 수탈과 억압, 인권유린을 낱낱이 확인할 필요가 없었는지도 모릅니다. 그러는 사이 일본은 식민 지배가 오히려 한국에 은혜를 베푼 것이라고 미화하고, 참혹한 인권유린을 부인하는 역사부정의 인식을 보이는 데까지 이르고 있습니다. 일제의 통치와 침탈, 그리고 그 피해를 종합적으로 조사하고 편찬할 필요성이 여기에 있습니다.

일제침탈사를 체계적으로 정리하는 일은 개인이 감당하기 어렵습니다. 이에 우리 재단은 한국학계의 힘을 모아 일제침탈사 편찬위원회를 꾸렸습니다. 편찬위원회가 중심이 되어 일제의 식민지 침탈사를 정치·경제·사회·문화 모든 방면에 걸쳐 체계적으로 집대성하기로 했습니다. 일제 식민침탈의 실체를 파악하기 위해 2020년부터 세 가지 방면으로 사업을 추진하고 있습니다. 하나는 일제침탈의 실상을 구체적이고 생생한 자료를 통해서 제공하는 일로서 〈일제침탈사 자료총서〉를 편찬합니다. 다른 하나는 이들 자료들을 바탕으로 연구한 결과물을 〈일제침탈사 연구총서〉로 간행합니다. 그리고 연구의 결과를 대중들이 이해하기 쉽게 〈일제침탈사 교양총서〉를 '바로알기' 시리즈로 간행합니다. '바로알기' 시리즈는 우리 중학교, 고등학교 학생들도 어렵지 않게 읽을 수 있도록 제작했습니다. 오랫동안 학계에서 공부해 온 전문가 선생님들이 일제 침탈과 관련된 다양한 주제를 집필해 주셨습니다. 이해하기 쉽도록 해당 주제를 사안별로 나눠 집필해서 가독성을 높였고 사진과 도표도 충분히 곁들였습니다. '바로알기' 시리즈를 통해 많은 시민과 학생들이 제국주의 일본의 한반도 침탈과 그로 인한 피해 실상을 바로 알 수 있게 되기를 바랍니다.

2024년
동북아역사재단 이사장

머리말

　일제는 한국을 식민 통치하는 과정에서 헌병경찰제라고 하는 무력적 통치와 더불어 법이라는 이름으로 온갖 차별과 불평등을 자행하였다. 일제는 1909년 7월 '한국 사법 및 통감사무 위탁에 관한 각서', 즉 '기유각서'를 체결하고 한국에 대한 침략을 본격화하였다. 강제병합 이후 일제는 조선총독부를 설치하고 일본의 법령을 의용(依用)하거나 조선총독의 명령인 제령(制令)에 의해 법령을 공포하였다. 이를 통해 일제는 식민지 조선을 정치적, 경제적으로 침탈하는 동시에 조선 민중의 저항을 억압하고 일상을 통제하는 통치를 하였다.

　이 책은 일제강점기 전 시기에 걸쳐 제정되고 적용된 민족주의운동·사회주의운동에 대한 탄압 법령 가운데 가장 핵심적인 법령인 치안유지법에 대해 살펴보고자 한다. 이 치안유지법은 1925년 5월 일본과 식민지 조선에서 동시에 시행되었다.

　그런데 이미 일제는 1905년 을사늑약 체결 이후 대한제국을 통제하기 위해 통감부를 설치하였고, 1907년 보안법을 제정하여 의병전쟁 등 우리 민족의 항일운동을 탄압할 수 있도록 하였다. 또 1919년 3·1운동 직후에는 조선총독부 제령 제7호로 '정치에 관한 범죄처벌의 건'을 제정하여 조선 민중에 대한 탄압을 더욱 강화하였다. 따라서 이 책에서는 치안유지법이 제정되기 이전에 만들어진 '보안법', '정치에 관한 범죄처벌의 건' 등의 법령과 이 법령들의 적용 실상 등을 살펴보았다.

또한 치안유지법의 내용과 변화, 적용 사건 등을 치안유지법의 성립 시기(1925년), 개정 시기(1928년), 전면적 개정 시기('신치안유지법', 1941년) 등 세 시기로 나누어 살펴보았다.

이를 통해 필자는 일제가 치안유지법을 조선에 공포한 배경과 시기에 따라 치안유지법이 어떻게 변화하고 적용되었는지 등을 살펴보았다. 또 치안유지법이 일제강점기 국내 민족주의·사회주의 독립운동 등을 탄압하는 데 어떠한 영향을 미쳤는지 그 실상을 구체적으로 보여 주고자 하였다.

차례

발간사 • 2

머리말 • 5

1. 치안유지법 성립의 배경
    1) 대한제국 시기 근대적 형법 체계의 성립 • 9
    2) 을사늑약과 보안법의 제정 • 10
    3) 일제의 식민 지배와 조선형사령의 공포 • 14
    4) 3·1운동과 '제령 제7호'의 제정과 적용 • 18

2. 치안유지법의 제정과 인식
    1) 일본에서 치안유지법의 제정 • 24
    2) 치안유지법 시행을 둘러싼 인식의 차이 • 25
    3) 최초의 치안유지법 적용 사건을 둘러싼 논쟁 • 28
    4) 치안유지법 적용 논의 • 33

3. 치안유지법의 적용과 사상통제
    1) '제1·2차 조선공산당 사건'과 치안유지법 적용 • 38
    2) 1928년 치안유지법의 개정 • 45
    3) 1928년 개정 치안유지법의 적용 사건 • 47
    4) '사상검사'의 탄생 • 53
    5) 치안유지법 적용의 확대 • 56
    6) 치안유지법의 전면적 적용 확대 • 59
    7) 조선사상범보호관찰령, 조선임시보안령의 제정 • 65

4. 치안유지법의 전면 개정과 적용 사건
   1) '신치안유지법'의 실시 • 69
   2) '신치안유지법' 적용 사건 사례 • 74

맺음말 • 78

참고문헌 • 81
찾아보기 • 83

1
치안유지법 성립의 배경

1) 대한제국 시기 근대적 형법 체계의 성립

조선 시대 이래 중국 명나라의 기본 법전이었던 『대명률(大明律)』에 주로 의존하고 있던 우리나라의 형법 체계가 근대적인 형식을 갖춘 것은 『형법대전(刑法大全)』이 편찬되면서부터이다. 『형법대전』은 대한제국 시기인 1905년(광무 9) 4월 29일 공포되었지만 대한제국기 법부는 1898년 8월 무렵부터 근대적 형법 기초에 착수하여 1899년 5월~1905년 말에 이르기까지 법률기초위원회를 두고 법률 고문인 프랑스인 크레마지(L.Cremazy)의 도움을 받아 『형법대전』을 완성하였다.

『형법대전』은 『대명률』과 『대전회통(大典會通)』 등 당시 조선의 전통적 형법을 망라하였고 갑오개혁 이후 근대적 사회 변화의 흐름을 반영하여 종래의 법전 편찬 형식이었던 육분주의(六分主義), 즉 육조(六曹) 체제를 기준으로 한 분류 방식에서 벗어나 근대법적인 단일 법전으로 편찬되었다. 『형법대전』은 국한문 혼용체로 5편 17장 680조로 구성되었고, 범죄의 성립 및 형식의 종류에 관한 총칙적 규정을 두어 그에 기초하여 각 범죄에 대한 형벌 규정을 전개하는 형식을 취한 근대적 형법 체계를 갖춘 법전이었다.

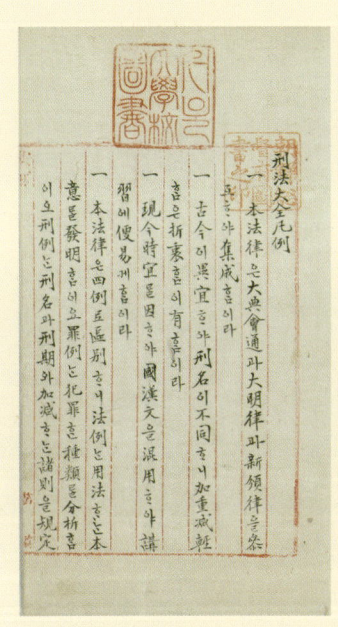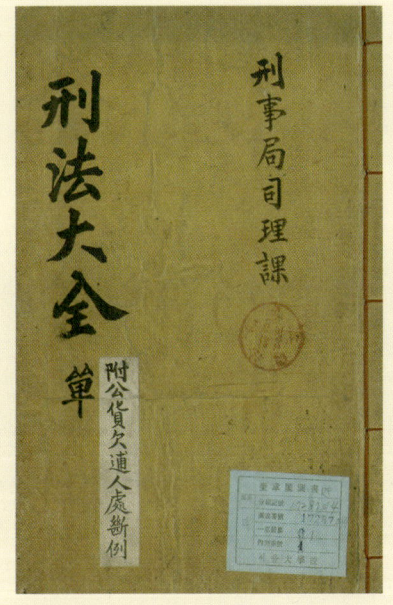

『형법대전』의 본문과 표지

출처: 서울대학교 규장각한국학연구원, 규장각 원문검색서비스

2) 을사늑약과 보안법의 제정

일제는 1904년 러일전쟁을 일으키고 전쟁에서 승리한 후 대한제국을

지배하기 위해 1905년 11월 17일 을사늑약을 강요하였다. 일제는 1906년 2월 한성에 통감부를 설치하여 초대 통감으로 이토 히로부미를 임명하였다. 다음 해인 1907년 헤이그 밀사 사건을 빌미로 일제는 고종을 강제로 퇴위시키고 순종을 즉위시켰다.

  1907년 7월 24일 대한제국 시기 정부는 통감부의 강요로 법률 제1호로 '신문지법'을 제정, 공포하였는데 이 법은 신문을 발행할 때 허가를 받도록 하고 신문 내용을 검열하기 위해 사전 납본제를 채택하는 등 신문 발행을 통제하는 법이었다. 또한 같은 해 7월 27일 법률 제2호 '보안법'이 제정, 공포되어 한국인의 정치적 활동을 억압하였다. 이 보안법 제7조는 "정치에 관하여 불온한 언론과 동작 또는 타인을 선동, 교사 혹은 사용(使用)하고 또는 타인의 행위에 간섭함으로써 치안을 방해하는 자는 50 이상의 태형(笞刑), 10개월 이하의 금옥(禁獄) 또는 2년 이하의 징역에 처함"이라고 규정하였다. 또한 1909년 2월 23일 법률 제6호로 '출판법'을 공포해서 신문을 제외한 일체의 문서와 도서 원고의 사전 검열과 출판물을 배포하기 위해서는 사전에 납본 검열을 의무로 규정하는 이중의 통제 장치를 마련하였다.

  보안법은 이후 의병투쟁 등 조선독립을 위한 운동을 억압하는 데 주로 적용되었다. 1910~1915년 의병운동 참가자들에 대한 판결 내용을 검토한 연구에 따르면 의병들에게 강도, 살인, 방화뿐 아니라 보안법 위반도 적용되었음을 확인할 수 있다. 이 중 가장 많은 비율은 강도가 65%, 살인이 20%로 강도와 살인을 합하면 85%를 차지한다. 대부분의 의병 판결이 『형법대전』의 내란죄가 아닌 강도, 살인 등의 혐의로 판결받았음을 알 수 있다. 다음으로는 보안법 위반이 10%, 방화 등이 5%를 차지하였다.

일례로 승려 정해식은 1907년 이범윤 의병부대 소속으로 조선 독립을 위해 함경도 등지의 경찰 및 군비 배치 상황 등을 정찰한 혐의로 체포되어 1912년 7월 5일 경성지방법원에서 보안법 제7조 위반으로 징역 1년을 선고받았다.

또 보안법은 1919년 3·1운동 이후 독립운동의 탄압에도 적용되었다. 1918년 11월 중국 상하이(上海)에서 여운형 등이 조직한 신한청년당의 대표로 일본에 파견된 장덕수는 1919년 2월 20일 인천에서 체포되어 보안법 제5조에 의거하여 전남 하의도로 '주거제한' 조치를 당했다. 또 1920년 4월 조직된 조선노동대회의 간사로 활동했던 김사민은 1920년 8월 20일 미국의원단이 입국할 때를 기회로 '독립운동'을 계획하려다 구금되어 1920년 9월 1일 인천 덕적도로 거주제한 조치를 당했다.(『동아일보』, 1920.9.2). 조선 시대도 아닌 일제강점기에 인천에서 멀리 떨어진 덕적도나 목포에서도 배로 몇 시간을 가야 하는 하의도 같은 섬에 보내는 것은 말이 '거주제한'이지 조선 시대에 유배를 보내는 형벌인 유형(流刑)이나 다름없었다.

이러한 일제의 보안법 제5조에 의한 '거주제한' 조치에 대해 『동아일보』는 1920년 6월 1일 자 사설에서 "법률은 시대의 변천을 따라 변하며 사회의 추이를 따라 동(動)할 것이니 오스틴파의 학설에 의하여 '법률을 국가의 명령'이라 할지라도 국가는 인민의 단체라 인민 단체의 명령은 곧 국민 이성의 표현이라 할지니 대개 국민의 이성은 시대를 좇으며 경험에 의하여 발달 진보하는 것"이라고 하면서 시대와 사회에 불합리하고 부적합한 '거주제한의 폐지'를 주장하였다.

보안법 제5조는 "내무대신(병합 후는 경무총감)은 정치에 관한 불온한 동작의 우려가 있다고 인정되는 자에 대하여 그 거처, 장소로부터 퇴거를 명하고 동시에 1개년 이내의 기간을 특정하여 일정한 지역 내에 무단출입을 금지할 수 있음"이라고 규정되었다.

보안법 제5조, "거주제한을 폐지하라"
출처: 『동아일보』, 1920.6.1. 사설

'신생활사 사건' 공판의 김사민(1898~1950)
출처: 『동아일보』, 1922.12.17.

장덕수(1894~1947)
출처: 이경남, 『설산 장덕수』, 동아일보사, 1982.

1. 치안유지법 성립의 배경 · **13**

3) 일제의 식민 지배와 조선형사령의 공포

1910년 8월 일제는 한일병합조약을 강제로 체결하여 조선을 완전한 일본의 식민지로 만들었다. 먼저 일제는 식민지 통치를 위한 본격적인 법률 정비에 나섰다. 일제는 을사늑약 이후 설치한 통감부를 조선총독부로 바꾸고 조선을 통치하기 위한 법령들을 제정하였다. 1912년 3월 18일 조선총독부 제령 제9호로 조선민사령과 제령 제11호로 조선형사령을 제정하여 4월 1일부터 시행하였다. 조선형사령은 1880년(메이지 13)에 만들어진 일본 구(舊)형법과 1907년(메이지 40)에 만들어진 일본 형법, 1890년(메이지 23)의 형사소송법, 1908년(메이지 41)의 형법시행법 등 일본에서 시행되고 있는 형사 관련법 12개를 조선에 의용한 것이었다.

조선총독부는 조선형사령을 시행하여 근대적 형법 체계를 조선에 적용하면서 대한제국 시기에 제정, 공포된 『형법대전』을 폐지하였다. 그런데 살인죄, 강도죄에 한해서는 1917년 12월 조선형사령의 개정 때까지 일본 형법보다 형이 중한 『형법대전』의 일부 조항을 조선인에게만 차별적으로 적용하였다.

일제는 대한제국 말기인 1909년 10월 사법권 위탁과 더불어 '범죄즉결령'을 제정하였다. 범죄즉결령은 칙령 제240호로 공포되었는데 제1조는 "통감부 경시 또는 통감부 경부에 의해 한국의 경찰서장, 분서장의 직무를 갖는 자 또는 그 대리를 하는 자는 그 경찰서 또는 분서의 관할 구역 내에서 다음의 범죄를 즉결할 수 있다"라고 하여 "1. 구류 또는 과료의 형에 처할 죄, 2. 한국 법규에 의해 태형, 구류 또는 30원 이하의 벌금형에 처할 죄" 등에 대해 즉결 처분을 할 수 있었다.

강제병합 이후인 1910년 12월 15일에는 제령 제10조에 따라 범죄즉결령을 계승해서 '범죄즉결례'를 제정하였다. 범죄즉결례는 제1조에 '경찰서장 또는 그 직무를 취급하는 자는 관할 구역에서 구류 또는 과료의 형' 등에 대해서는 정식 사법 절차를 거치지 않고 즉결 처분을 할 수 있었다. 이에 따라 경찰서장 또는 헌병분대장 등은 3개월 이하의 징역, 100원 이하의 벌금에 처해야 할 행정 법규 위반죄에 대하여 즉결 처분을 하였다.

또 일제는 1912년 3월 25일 조선총독부령 제40호 경찰범처벌규칙을 제정, 경찰이 즉결 처분하여 구류 혹은 과료에 처할 수 있는 범죄 87가지를 제시하였다. 여기에는 불온한 연설을 하거나 불온한 문서, 도서 등을 게시, 배포하는 것과 유언비어 유포 등을 처벌하는 조항도 포함되어 있었다. 일제하 범죄즉결례, 경찰범처벌규칙 등의 악법들은 해방 후 한국전쟁 시기에 전시 즉결처분권 등 불법적인 관행을 만들게 되는 원인이 되었다.

조선형사령의 시행으로 『형법대전』에 규정된 태형은 폐지되었지만 일제는 '구관존중(舊貫尊重)'이라는 명분으로 1912년 3월 18일 제령 제13호로 조선태형령을 제정하였다. 그런데 조선태형령은 오직 조선인에게만 차별적으로 적용되었다. 벌금 또는 과료를 미납한 자를 태형으로 환형(換刑) 처분할 수 있는 이 법령으로 인해 조선인들은 야만적이고 중세적인 신체형인 태형에 노출되었다. 태형 1대는 벌금과 과료 1원 또는 구류 1일과 동일하게 환산되었다. 이러한 조치들은 일제가 조선인을 차별한 것일 뿐아니라 행정 비용을 줄이고 효율성을 높이기 위한 방도이기도 하였다. 3·1운동 이후 일제는 '문화정치'를 표방하면서 민심 수습책의 일환으로 1920년 3월 31일 조선태형령을 폐지하였다.

일제는 법령을 제정, 정비했을 뿐 아니라 경찰, 재판소, 형무소와 같은 억압적 통치기구를 정비하였다. 1909년 한국의 사법권과 감옥 사무 처리권을 일본 정부에 위탁하는 기유각서를 체결하고 통감부 재판소령을 제정하였다. 1·2심 법원의 명칭은 그대로 유지하고 3심인 대심원(大審院)의 이름을 고등법원으로 바꿨다. 이는 일본의 최고재판소인 대심원의 명칭을 식민지 조선에서는 사용하지 못하게 하면서 최고재판소의 격을 낮춘 것이었다.

1910년 8월 강제병합 후 일제는 조선총독부를 설치하고 통감부 재판소를 조선총독부 재판소로 바꾸고 관할과 재판소의 종류는 그대로 두었다. 1912년 3월에는 재판 사무의 편의를 위해 '조선총독부재판소령'을 개정하였다. 이에 재판소라는 명칭이 법원으로 바뀌어 구재판소→지방재판소→공소원(控訴院)→고등법원의 3심 4단계 체계가 지방법원→복심법원(覆審法院)→고등법원이라는 3심 3계급제로 되었다.

이에 따라 최고재판소인 고등법원은 경성에만 있고, 2심 재판소인 복심법원은 경성, 대구, 평양 등 3개 지역에, 지방법원은 일제 말까지 경성, 공주, 함흥, 청진, 대구, 부산, 광주, 전주, 평양, 해주, 신의주 등 11개 지역에 설치되었다. 종래의 구재판소는 지방법원과 지청이 되고 단독심을 원칙으로 하였다. 그러나 일제 식민지하 조선은 지금과 같이 삼권분립이 되지 않았고 조선의 법원은 조선총독부 소속 기구로서 일제의 폭력적 지배를 합법화하는 기능을 수행하였다. 근대적 사법제도의 특징은 사법과 행정의 분리, 즉 사법권은 행정부에서 독립한 기구로 존재해야 한다는 것이다. 그러나 조선총독은 일본 천황에 직예(直隷)하여 행정권, 군대 통솔권, 입법권(제령 제정권)과 함께 사법권도 장악하였다. 조선총독은 판사·검사의 임면, 징계, 지휘 감독에 관한 권한을 행사할 수 있었다. 식민지 조선의 사법권은 전혀 독립적이지 않았으며, '사법부'는 총독에게 예속된 식민지 관

조선형사령 요지

출처: 『매일신보』, 1912.4.20.

경성공소원 전경

출처: 국가기록원, 『근대사법제도와 일제강점기 형사재판』, 2017.

료조직에 불과하였다.

그리고 일제강점기에는 오늘날 형사법체계에는 존재하지 않는 예심제도(豫審制度)가 있었다. 예심제도는 피고 사건을 공판에 회부할지 여부를 결정하기 위해 필요한 사항을 예심판사가 취조함으로써 검사가 함부로 기소하는 것을 방지하여 피고인을 보호하려는 제도였다. 그러나 식민지 조선에서 일제는 1912년 조선형사령을 공포하여 제국주의 일본과는 달리 중요 사건에 대해 검사에게 예심을 청구할 수 있는 권한을 부여하였다. 그런데 예심판사가 갖는 사실상 제한이 없는 구류권(拘留權)을 검사와 사법경찰관이 가지게 됨으로써 이 예심제도는 피의자의 인권을 무시한 수사 절차의 연장으로 악용되었다. 인신구속제도이면서 재판제도인 예심제도가 악용되면서 수많은 독립운동가가 미결수로 재판도 받지 못하고 감옥에 갇히게 되었다. 한 예로 조선어학회 사건의 경우 1942년 10월 이중화, 장지영, 최현배 등이 구속되었는데 예심이 종결된 시기는 무려 2년 후인 1944년 9월 30일이었다. 이 과정에서 한글학자 이윤재와 한징이 일제의 혹독한 고문으로 옥사하였다. 일제하 예심제도는 미군정기에 실무상 폐지되었고 미군정기 법령 제176호에 의해 수사는 검찰과 경찰에 일임하고, 법원은 영장주의에 입각하여 검경의 수사를 사법적으로 통제하는 체제로 전환되었다. 그러나 미군정기 법령은 영장주의와 인신보호제도의 취지를 철저히 관철하는 데 많은 한계를 지니고 있었다.

4) 3·1운동과 '제령 제7호'의 제정과 적용

1919년 3·1운동이 일어난 뒤 일제는 우리 민족의 독립운동을 처벌하기 위해 기존의 보안법, 출판법, 신문지법보다 더 강력한 법령이 필요했다. 보안법 제2조는 '경찰관이 안녕질서를 위해 필요한 경우 집회 또는 다중의 운동, 군집을 제한, 금지, 해산'할 수 있음을 명시했다. 보안법 제7조는 '정치에 관하여 불온한 언론 동작' 또는 '치안을 방해하는 자'에게 '50 이상의 태형, 10개월 이하의 금옥 또는 2년 이하의 징역'에 처할 수 있었다.

그런데 보안법은 3·1운동 때 우리 민중의 '집단적, 대중적 만세시위 사건'을 더욱 엄하게 처벌할 수 있는 구체적 법령이 아니었다. 조선총독부 법무부는 1909년 2월 23일 법률 제6호로 제정된 출판법 제11조 제1항의 '국교를 저해하거나 정체를 변괴하거나 국헌을 문란하는 문서, 도화(圖畫)를 출판한 때는 3년 이하의 역형'이라는 부분 등을 참조하여 제령 제7호를 제정한 것으로 보인다.

1919년 4월 15일 조선총독부는 제령 제7호로 '정치에 관한 범죄처벌의 건'을 제정하였다. 제령 제7호의 제1조는 "정치의 변혁을 목적으로서 다수 공동하여 안녕질서를 방해하거나 또는 방해하려는 자는 10년 이하의 징역 또는 금고(禁錮)에 처한다"라고 규정되었다. 따라서 제령 제7호는 '다수공동'의, 즉 '집단적인 독립운동의 기도'에 대해 처벌하는 것과 동시에 '독립운동'에 대한 '예비음모'까지도 처벌할 수 있는 조항을 두었고 형벌도 보안법보다 훨씬 무거웠다. 제령 제7호 제1조의 '정치의 변혁'이라는 문구는 출판법의 '정체 변괴'에서 유래했을 수 있지만, 치안유지법의 제1조 '국체 변혁'으로 계승된다는 점에서 이 조항은 치안유지법의 전사(前史) 또는 '선구'로서의 의미가 있다고 할 수 있다.

3·1운동 시기 대표적인 '보안법 위반 사건'은 이른바 '유관순 사건'으로 알려진 '조인원 등 11인의 소요 및 보안법 위반 사건'이다. 이 만세운동은

1919년 4월 1일 오후 1시 무렵 갈전면 병천리(지금의 천안시 병천면) 아우내장터 (병천시장)에 3,000여 명이 모인 시위에서 시작되었다. 군중 앞에서 조인원이 독립선언서를 낭독하고 대한 독립만세를 선창하자 군중들이 이에 화창하여 만세를 소리 높이 불러 시장 안은 삽시간에 흥분의 도가니에 빠졌다. 병천 지역 사람들은 '대한독립'이라고 쓴 큰 기에 태극기를 달고 대한 독립만세를 부르면서 시가를 누비며 시위를 벌였다.

이에 병천 헌병주재소의 헌병들은 군중에게 기총을 난사하고 총검을 휘둘러 유중권 등 많은 사상자가 생겼다. 또 천안에서 급히 출동한 일본군 헌병 분대원과 수비대는 발포를 하고 총검을 마구 휘둘러 수십 명의 사상자를 내는 만행을 벌였다. 오후 4시경 헌병이 휘두른 총검에 좌복부와 머리를 찔려 빈사 상태에 빠진 유중권을 동생 유중무가 업고 김용이·조인원·조병호·유관순 등이 뒤따라 약 40명이 병천 헌병주재소에 몰려갔다. 유중무는 두루마기 끈을 풀어 제치고 헌병에게 큰 소리로 항의하고, 조인원도 저고리를 벗어 버리고 주재소장 고야마(小山)와 헌병 상등병 미나토야(湊谷)의 총부리를 잡아 제쳤다. 이때 주재소 헌병들은 잔뜩 겁에 질려 입구의 왼쪽 벽에 기대어 줄지어 서 있었는데 유관순이 "우리는 나라를 찾기 위하여 정당한 일을 하고 있는데 왜 무기를 사용하여 우리 민족을 죽이느냐?"라고 외쳤고 헌병이 총을 들이대자 "죽이려면 죽여 보라" 하며 그 가슴에 달라붙었다.

이 아우내장터의 만세운동을 주도한 인물 중 한 사람인 유관순은 1902년 충남 천안군 동면 용두리에서 아버지 유중권과 어머니 이소제 사이에서 3남 1녀 중 둘째로 태어났다. 유관순은 당시 16세로 서울 이화학당 고등부에 재학 중이었는데 3월 5일의 남대문 만세운동에 참가했다가 독립선언서를 몰래 가지고 내려와 동리 어른인 조인원, 아버지 유중권, 숙부 유중무 등에게 보이고 3·1운동 이후 경성의 상황을 자세히 보고하였다. 이런 정세 속에서 그들은 4월 1일 아우내장터의 만세운동을 준비하였다.

유관순 등은 1919년 4월 1일 아우내장터의 만세시위 사건으로 천안경찰서 일본헌병대에 투옥되었다가 곧 공주경찰서 감옥으로 이감되었고, 공주지방법원에서 구속 상태로 재판을 받았다. 1919년 5월 9일 공주지방법원의 1심 재판에서 소요죄 및 보안법 위반죄로 징역 5년을 선고받은 유관순은 이에 불복해 항소하였고, 같은 해 6월 30일 경성복심법원에서 징역 3년을 선고받았으나 상고를 포기하였다. 유관순은 특사로 형이 1년

유관순의 수형자 카드(국사편찬위원회 소장)

6개월로 감형되었으나 1920년 9월 28일 서대문형무소에서 복역 중 고문으로 출소를 하루 남기고 순국하였다.

당시 유관순 등은 법정에서 '소요죄'와 보안법 제7조를 위반한 혐의를 받았다. '소요죄'는 형법 제106조에 의거 '다중 취합하여 폭행 또는 협박을 한 자'에게 '수괴는 1년 이상 10년 이하의 징역 또는 금고'에 처했고 '타인을 지휘 또는 타인에게 솔선하여 세력을 도운 자는 6월 이상 7년 이하의 징역 또는 금고'에 처했다. 보안법 제7조는 '정치에 관하여 불온한 언론과 동작 또는 타인을 선동, 교사 혹은 사용하고 또는 타인의 행위에 간섭함으로써 치안을 방해하는 자'는 '50 이상의 태형, 10개월 이하의 금옥 또는 2년 이하의 징역에 처함'이라고 규정되었다. 그런데 유관순에게 보안법뿐 아니라 '제령 제7호' 제1조 제1항도 적용하였다. 그러나 양형을 결정할 때 신구법을 비교하여 형량이 가벼운 구법인 보안법과 형법의 '소요죄'를 적용하였다.

강원도 춘천군 춘천면 대판리 154번지에 사는 이병천 등 3인은 경신학교 생도 강우열에게서 받은 「국민대회 취의서와 선포문」이라는 문서를 정은섭 외 수 명에게 배포하였는데 이에 이들 3인은 제령 제7호 위반 혐의로 1919년 6월 12일 경성지방법원에서 재판을 받았다. 「국민대회 취의서와 선포문」은 "제국의 굴레에서 벗어나 조선국을 독립시키기 위해 이천만 동포는 최후의 1인까지 분투해야 한다는 취지와 민주대의제를 채택하여 임시정부를 조직하자는 취지"의 내용이 담겨 있었다. 그런데 판결에서 경성지방법원 재판장 가나가와 히로키치(金川廣吉)는 보안법 제7조 위반으로 징역 6월을 선고하였다.

현재 국가기록원의 '독립운동관련판결문'에서 가장 먼저 제령 제7호

(정치범 처벌령)를 적용한 사건은 1919년 7월 18일 경성지방법원의 안태순 등에 대한 사건이다. 안태순은 본적은 황해도 신천으로 중국 지린성(吉林省) 무링현(穆棱縣) 삼분에 사는 의사였다. 그는 1919년 음력 3월 이발(李發), 정치윤 등과 모의하여 대한국민노인단을 조직하였다. 이 단체는 러시아 블라디보스토크 부근과 북만주로 이주한 조선인 남자 중 46세 이상의 사람들을 모아 조선 독립을 표방하고 일본 정부의 굴레에서 벗어나는 것을 목적으로 하였다. 안태순은 이 대한국민노인단의 주모자로 활동하다가 1919년 5월 31일 경성 종로 보신각 앞에서 조선독립만세를 외쳤다는 혐의로 제령 제7호 제1조를 적용받아 경성지방법원 판사 교오 이치이(鏡一以)로부터 징역 1년을 선고받았다.

2
치안유지법의 제정과 인식

1) 일본에서 치안유지법의 제정

1917년 10월 러시아 혁명이 일어나고 1919년 3월 코민테른이 창립되면서 전 세계적으로 사회주의운동·공산주의운동이 확산되었다. 1921년 6월에 곤도 에이조(近藤榮藏, 1883~1965)가 일본 경찰에 체포되는 사건이 발생하였다. 곤도는 1902년 미국에 건너가 1918년 8월 가타야마 센(片山潛, 1859~1933)을 중심으로 하는 재미 일본인사회주의단에 참가했던 인물로 1921년 5월 상하이에서 코민테른으로부터 운동자금을 받아 일본으로 귀국하던 중 검거되었다. 일본 경찰은 곤도를 체포했지만 비밀결사를 조직하고 그것에 가입한 자의 경우만을 대상으로 하는 치안경찰법으로는 정치선전의 목적을 위해 현금을 운반한 것에 대해 처벌할 수가 없었다. 기존의 법률로 곤도를 처벌할 수 없자 일본 정부는 1922년 2월 '조헌(朝憲)을 문란케 하는 결사와 그 선전, 권유, 실행 등을 처벌'하기 위해 '과격사회운동취체법안(過激社會運動取締法案)'을 제국의회에 제출하였으나 통과되지 않았다.

이후 1925년 1월 소일조약의 체결로 소련과 일본의 국교가 수립되면서 사회주의 사상 등의 양적 증대 등에 대처하기 위한 법률 등이 추진되었다. 또 한편으로 일본에서 다이쇼(大正) 데모크라시의 영향 속에서 1925년 3월 보통선거법안이 성립되자 정치운동이 활발해질 것을 억제하려는 배경하에 치안유지법이 제정되었다. 치안유지법은 제50회 제국의회 회기 중인 1925년 2월에 안이 제출되어 4월 21일 법률 제46호로 공포되었다. 이어서 같은 해 5월 8일 칙령 제175호로 '치안유지법을 조선, 대만 및 화태(사할린)에 시행하는 건'이 제출되어 이 칙령에 의해 1925년 5월 12일 일본과 해당 국가에서 동시에 치안유지법이 시행되었다. 치안유지법 제1조 제1항은 "국체를 변혁하거나 사유재산제도를 부인하는 것을 목적으로 결사를 조직하거나 이에 가입한 자는 10년 이하의 징역 또는 금고에 처한다"라고 규정되었다. 치안유지법 제1조 제2항은 '제1항의 미수죄'까지 벌할 수 있었다. 또 제7조는 '이 법의 시행 구역 외'까지도 적용할 수 있었다.

2) 치안유지법 시행을 둘러싼 인식의 차이

일제강점기 전 시기를 통틀어 가장 뜨거운 이슈가 된 법안은 아마도 치안유지법이었을 것이다. 치안유지법 제정을 앞둔 1925년 2월 24일 조선총독부 정무총감 시모오카 주지(下岡忠治)는 제국의회에서 제령 제7호로도 "정치를 변혁할 목적으로 안녕질서를 해치고, 또 방해하고자 한 자, 선동하는 자" 등을 단속할 수 있지만 "과격파 공산주의 선전의 경우"는 포함시키기 어렵고 '정체와 국체'를 운운하는 경우도 포함될 수 없으므로 보다 강력한 법령인 치안유지법 제정이 필요하다고 주장하였다. 1925년 3월 5일 자『경성일보(京城日報)』에서 조선총독 사이토 마코토(齋藤實)는 조선에서도 치안유지법은 당연히 시행되어야 한다고 하면서 만약 통과되지 않는다면 '제령'을 통해 단속할 수도 있겠지만 새로운 대책을 생각해야 한다고 발언하였다. 치안유지법 시행 당일인 1925년 5월 12일 조선총독부 경무국 고등경찰과장 다나카 다케오(田中武雄)는 제령과 치안유지법 모두 독립운동과 무정부주의 또는 공산주의를 단속할 수 있는 법안임을 제시하였다. 그러나 보안법이나 '제령 제7호: 정치에 관한 범죄 처벌의 건'이 존재하는 상황에서 치안유지법이 실시되면서 사안에 따라 이 유사한 법안들 중에서 어떤 법령을 적용할 것인가가 문제가 되었다. 이와 같이 총독부 상층 관료들 내에서도 치안유지법 실시에 대해 생각의 차이가 있었다.

한편 일제의 치안유지법 제정에 대해 당시 신문, 잡지는 풍자 만평을 실어 치안유지법 실시를 비판하였다.『조선일보』는 1925년 3월 만평에서 '좌경운동'이라는 '시대사조'를 '치안유지법으로 쓸어서 될까'라고 풍자하였고 1925년 5월에는 기존의 '법률 제령'에 더하여 "오늘부터 (치안유지법이라는) 새 칼 한 개를 더 차 볼까"라고 풍자하였다. 또 천도교청년회의 기관지인『개벽』에 실린 만평은 일제의 치안유지법 실시에 따른 '민중의 집회엄금', '언론탄압'을 상징적으로 보여 주고 있다.

1925년 6월『개벽』제60호(1925년 6월)는「치안유지법의 실시와 금후의 조선 사회운동」이란 제목으로 치안유지법의 실시에 따른 조선 사회운동의 금후 추세, 방침 등에 대한 여러 사회운동 단체 및 각계의 대표적인 인물

"쓸어 볼 경륜인가? 쓸어서 될라고!"
출처: 『조선일보』, 1925.3.31.

"오늘부터 새 칼 한 개를 더 차 볼까"
출처: 『조선일보』, 1925.5.13.

「일제의 치안유지법 실시」, '민중의 집회엄금', '언론탄압'
출처: 『개벽』 제64호, 1925.12.

들의 인식을 문답식으로 게재하였다. 이 내용에 따르면 먼저 조선노농총동맹의 권오설은 치안유지법이 조선에 실시되는 것은 그만큼 사회운동이 격렬함을 증명하는 것이고 또 대중의 자각에 비례하여 운동이 격렬해지는 것으로 바라보았다. 따라서 권오설은 사회 진화의 필연적 법칙에 기인한 것인즉 어찌 치안유지법으로 대세를 막을 수 있겠는가 하며, 우리 운동은 저 흐르는 물과 같이 더욱 힘 있게 진전되리라고 단언하였다. 또 신흥청년동맹의 조봉암은 치안유지법이 실시되면 사회운동은 근절되거나 위축되리라고 부르주아지는 말하지만 이러한 역사적 필연의 산물인 대중의 생활운동을 어떠한 것으로도 막을 수 없으니 만일 이 운동을 힘으로써 저지하려 한다면 어리석은 시험이라 아니할 수 없다고 하였다.

또한 변호사 이인은 다음과 같이 말하였다. 치안유지법이 실시되어도 조선의 사회운동은 일본처럼 큰 영향을 받을 것 같지 않다. 조선에서는 유례없는 악법이라 할 보안법과 제령 제7호가 있어서 정치적, 경제적 기타 모든 운동을 억압하고 제재해 왔기 때문에 치안유지법이 새로 실시되어도 그 이상의 억압과 제재는 없을 것이라고 하였다. 동아일보사의 송진우는 첫째는 표면운동보다 이면운동이 치열해져 갈 것이며, 둘째는 재래의 분규 혼잡하였던 운동선이 외부의 압박으로 각자의 반성을 촉구하는 동시에 통일단결의 분위기를 양성할 것이라고 하였다.

이와 같이 제령 제7호가 '정치적 사건'에 한하여 이를 처벌하기 위한 '정치범 처벌법'이었다면 치안유지법은 국내외를 망라하고 조선의 사회주의운동, 민족주의운동 등 '사상사건'과 일제에 저항하는 모든 독립운동을 처벌할 수 있는 법이었다.

3) 최초의 치안유지법 적용 사건을 둘러싼 논쟁

일본에서 치안유지법이 최초로 적용된 사건은 1926년 1월 15일 사회과학연구회 회원 다수가 검거되어 그중 38명의 학생이 치안유지법 및 출판법 위반으로 기소된 '교토학련 사건(京都學連事件)'이었다. 이 사건은 일본 교토제국대학 사회과학연구회 회원들이 당시 군사 훈련을 비판하다가 검거되어 치안유지법 위반으로 기소가 된 사건이었다. 그러나 일본보다 식민지 조선에서 먼저 그 법이 적용되었다.

1925년 5월 12일 치안유지법이 시행되자 조선총독부 판검사들은 한국 독립운동에서 최초로 치안유지법을 적용한 사건에 대한 기소 또는 판례를 남기려고 경쟁적으로 활동하였다. 이러한 사실은 당시 언론 보도에서 최초의 치안유지법 적용이라는 기사가 다수 있었다는 데에서 확인할 수 있다.

일본의 치안유지법 연구자인 오타루(小樽) 상과대학 오기노 후지오(荻野富士夫) 교수는 확인 가능한 치안유지법을 국내에 적용한 첫 사례를 1925년 6월 24일 경성복심법원이 박동근(朴東根)에게 내린 판결로 보았다. 이 사건은 박동근이 중국 펑톈(奉天) 안투현(安圖縣)에서 대동회(大同會)라는 단체에 가입하여 활동한 것에 대해 1925년 5월 8일 청진지방법원에서 강도 및 제령 제7호 위반으로 징역 2년 6월의 유죄 판결을 받자 항소한 사건이다. 경성복심법원 재판장 야마구치(山口均四郞)는 이 사건에 대해 신법인 치안유지법 제1조 제1항과 구법인 제령 제7호 제1조 제1항을 비교하고 결국 형량이 가벼운 제령 제7호를 적용하였다. 이는 다이쇼 10년(1921) 형법 제6조 "범죄 후 법률에 의해 형의 변경이 있을 때는 그 가벼운 것을 적용"한다는 조항에 의거한 것이었다. 박동근 사건은 시기적으로는 가장 빠른 1925년 6월 24일에 치안유지법 적용이 논의되었으나 1심 법원이 아니고 2심 법원이라는 점과 박동근의 활동지가 만주 지역이란 점에서 치안유지법의 첫 번째 국내 적용 사례로서 적절하지 않은 것으로 보인다.

또 오기노는 1925년 7월 30일 평양지방법원 안주지청에서 치안유지법 위반 판결이 있었다고 하였다. 이 판결은 1926년 6월 16일 평안남도 안주경찰서에서 체포된 대한정의부원 안휴식(安烋植)에 대한 것으로, 1925년 7월 25일 공판에서 안휴식은 검사로부터 징역 3년을 구형받았고 다음날이 일요일임에도 계속 개정되어 치안유지법 제1조를 적용하여 판사로부터 구형 그대로 징역 3년을 언도받았다. 당시 언론에서는 이 판결을 "치안유지법 발표 후 처음 생긴 사건", "치안유지법 초(初)적용"으로 보도하였다(『동아일보』, 1925.7.30; 『조선일보』, 1925.7.31). 그런데 이 사건은 1925년 9월 12일 항소심인 평양복심법원 판결에서 검사의 치안유지법 적용은 잘못이며 제령 제7호를 적용해야 한다고 주장하여, 결국 제령 제7호를 적용하여 징역 1년 6월을 선고했다.

한편 무정부주의 결사인 흑기연맹을 조직하여 정치의 변혁, 안녕질서를 방해했다는 '흑기연맹 사건'을 '경성지방법원 최초의 치안유지법 적용'으로 보도한 『매일신보』(1925.11.18)의 기사는 명백한 '오보'였다. 흑기연맹 사건의 피고인 이복원 등에 대해 경성지방법원 형사부 재판장 와키데쓰 하지메(脇鐵一) 판사는 행위시법인 제령 제7호 제1조와 신법인 치안유지법 제1조 제2항, 제1항에 해당하는 범죄를 저질렀지만 각 소정형을 비교하는 데 경중이 없으므로 제령 제7호를 적용하여 징역 1년을 선고하였다.

그러나 '흑기연맹 사건' 판결이 선고되었던 1925년 11월 17일보다 2개월 전인 1925년 9월 12일 경성지방법원에서 정재달, 이재복의 '고려공산당창립준비위 사건', 즉 '오르그뷰로' 조직 사건에 대한 판결이 있었다. 이 판결에서 경성지방법원 형사부 재판장 와키데쓰 판사는 제령 제7호 제1조 제1항과 치안유지법 제1조 제2항, 제1항을 적용하였던 것이다. 당시 언론은 이 판결을 "치안유지법의 최초 적용, 조선 초유의 공산당공판"으로 보도하였다(『동아일보』, 1925.9.2). 그런데 이 판결 또한 양형을 결정할 때 제령 제7호와 치안유지법의 형량이 동일하므로 제령 제7호를 적용하였다.

사회주의운동에서 치안유지법의 최초 적용 사건을 1926년 1월 20일 충남 서산경찰서가 이영재·이성린 등을 검거한 '적혈결사대' 사건으로 보는 견해가 있다. 이 사건에 대한 판결은 1926년 2월 25일 공주지방법원에서 조선총독부 판사 나가타(永田顯士)의 단심으로 선고되었다. 이 판결에서 나가타는 이영재와 이성린의 죄가 사유재산제도 부인 목적으로 결사를 조직한 행위인 치안유지법 제1조 제1항 위반에 해당한다고 보았는데

치안유지법의 최초 적용
출처: 『동아일보』, 1925.9.2.

경성지방법원 최초의 치안유지법 적용
출처: 『매일신보』, 1925.11.18.

양형에서 이영재는 치안유지법보다 형량이 무거운 절도죄를 적용하였고 이성린에게는 치안유지법 제1조 제1항을 적용하였다. 이성린은 이에 항소하였는데 경성복심법원은 1926년 5월 5일 이성린에게 치안유지법 제2조인 '협의죄'를 적용하였다. 그러나 적혈결사대 사건은 치안유지법을 적용한 사건은 맞지만 사회주의운동이었는지는 의문이다. 물론 '공산제도를 확립하여 사유재산제도를 파괴하려고 협의'한 점을 치안유지법 위반 혐의로 판결하였지만 테러리즘을 부정하는 사회주의·공산주의운동의 특성상 권총과 실탄을 절취하고 은닉 소지한 부분을 사회주의운동으로 파악하는 것은 무리가 있다. 또 이영재, 이성린 등이 한국사회주의 또는

2. 치안유지법의 제정과 인식 · 31

공산주의운동사에서 언급된 적이 없기 때문이다. 물론 이러한 부분은 법 적용 이전의 역사적 사실에 대한 문제일 것이다.

식민지 조선에서 처음으로 치안유지법을 적용한 사건을 둘러싼 이러한 논쟁에도 불구하고, 국내에서 처음으로 치안유지법의 적용이 논의된 사건은 '고려공산당창립준비위 사건'이었다. 이 사건은 1922년 12월 코민테른집행위원회의 결정에 의해 국내에 조선공산당을 조직하기 위해 꼬르뷰로(고려총국, 1923.2~1924.2)가 만들어지고 그 후속으로 1924년 4월 15일 만들어진 오르그뷰로, 즉 '고려공산당창립대표회준비위원회'에서 국내에 파견된 정재달과 이재복을 중심으로 하는 '제령 제7호 위반 사건'이었다.

정재달과 이재복이 종로경찰서에 검거되는 시점은 1924년 9월 15일이었고 그때는 아직 치안유지법이 제정되기 전이었으므로 정재달, 이재복 등은 '제령 제7호' 위반 혐의로 검거되었다. 1924년 10월 30일 경성지방법원검사국 검사 히라야마 마사요시(平山正祥)는 정재달, 이재복 등 5명의 '제령 제7호 위반 사건'에 대해 예심을 청구하였고, 1925년 3월 9일 경성지방법원에서 예심판사 후지무라 에이(藤村英) 등이 참여하여 이재복 등의 예심이 시작되었다. 1925년 7월 16일 검사 사토미 간지(里見寬二)가 경성지방법원 예심판사 후지무라에게 '예심종결처분에 대한 의견서'를 제출하였고, 일주일 뒤인 7월 24일 정재달, 이재복 등 5명에 대한 '예심종결서'가 결정되었는데, 사토미 검사는 이 '의견서'에서 '사유재산제도를 부인하는 것을 목적으로 하는 고려공산당의 조직을 실현함으로써 안녕질서를 방해한 것'이라는 의견을 제출하였다. 이는 '다이쇼 8년(1919) 제령 제7호 제1조, 치안유지법 제1조, 형법 제6조를 적용, 처벌할 것으로 범죄의 혐의가 충분하다'는 것이었다. 즉 검사 사토미는 제령 제7호와 더불어 치안유지법

제1조를 적용할 것을 의견으로 제출하였다.

이는 1925년 5월 12일 식민지 조선에 치안유지법이 시행된 지 불과 2개월 만에 그 적용이 언급된 것으로, 향후 식민지 조선의 사회주의운동과 민족주의운동 등 독립운동과 사회운동에 치안유지법을 적용하는 대대적인 탄압을 예고하는 것이었다. 예심판사 후지무라의 '예심종결결정'은 1925년 7월 16일 사토미 검사가 제출한 '의견서'를 그대로 수용하여 정재달, 이재복을 '다이쇼 8년(1919) 제령 제7호, 치안유지법 제1조, 형법 제6조'를 적용하여 처단할 것으로 인정하였다.

1925년 9월 12일 경성지방법원 형사부에서 열린 정재달, 이재복에 대한 1심 재판에서 재판장 미야모토 하지메(宮本 元)는 판사 와키데쓰 하지메, 사사키 히데오(佐佐木日出男)가 참여한 판결에서 징역 3년을 선고하였다. 이 사건에 적용된 법률은 '다이쇼 8년(1919) 제령 제7호 제1조 제1항'과 치안유지법 제1조 제2항, 제1항이었다. 그런데 양형 기준을 정할 때는 제령 제7호와 신법인 치안유시법을 비교하여 양형의 차이가 없으므로 구법을 적용하였다. 따라서 정재달, 이재복의 '고려공산당창립준비위 사건'은 1심 판결에서 사실상 제령 제7호와 더불어 치안유지법 제1조가 최초로 적용되었으나 단지 양형 과정에서 구법인 제령 제7호를 적용한 것이었다.

4) 치안유지법 적용 논의

1925년 6월 고등법원 판사 노무라 조타로(野村調太郎)는 "조선의 독립은 제령 제7호로 보면 정치 변혁에 해당하고 치안유지법으로 보면 국체 변혁, 그리고 보안법으로 보면 이른바 정치에 관한 불온한 언론에 해당한다. 각각 다른 양태와 영역의 처벌을 상정하고 있다"라며 각 법령의 차이를 언급하였다. 노무라는 조선의 독립을 목적으로 결사를 조직하고 그 내용을 알고 가입했을 경우는 국체를 변혁하는 것을 목적으로 결사를 조직하고 가입한 것에 해당하므로 치안유지법 위반에 해당한다고 하였다.

따라서 조선 독립을 목적으로 한 실행 협의 및 선동은 치안 방해 예비 또는 음모라 할 수 있는데 종전에는 이를 제령으로 처벌하였으나 이제는 치안유지법에 적당한 규정이 마련되었으므로 제령을 적용하지 않는 것으로 이해해야 한다고 해석하였다. 즉 노무라는 치안유지법이 '사회주의 운동'을 단속하려는 취지에서 제정된 것이 틀림없지만 입법 이유가 여기에 있다고 해서 성법(成法)을 해석할 때는 구체적 사유에 구속되지 말고 법문(法文)에 나타난 의의와 치안 유지라는 법의 근본정신에 따라 그 적용 범위를 판단해야 한다고 인식하였다. 노무라는 치안유지법의 시행초기부터 치안 법령이 확장 해석될 여지가 있음을 솔직히 드러냈다. 당시 노무라의 치안유지법에 대한 해석은 치안유지법 적용 문제의 해결에 상당한 영향력을 미쳤다.

치안유지법이 시행된 지 1개월이 지난 시점인 1925년 6월 13일에 고등법원 검사장 나카무라 다케조(中村竹蔵)는 '치안유지법 적용에 관한 건'이라는 통첩을 산하 각 검사장과 검사정에게 하달하였다. 그 내용은 조선을 독립시키고자 하는 목적으로 결사를 조직하고 또 그 내용을 알고 이에 가입한 자, 또는 그 목적 실행 방법에 관하여 협의하고, 또는 그 실행을 선동한 자 등에 대해서는 치안유지법을 적용하므로 이 취지에 따라 취급해 주기 바란다는 내용이었다. 이와 같이 시행된 지 한 달만에 치안유지법은 점차 제령 제7호를 대체하는 강력한 통치 법령으로 자리잡게 되었다.

나카무라는 일본 도쿄(東京)제국대학 법과대학 출신으로 1907년 통감부 판사로 부임하여 1910년 경성공소원 검사국 검사장, 1912~1920년 경성복심법원 검사국 검사장을 거쳐 1920년 9월 고등법원 검사장에 취임하여 1929년 10월 법무국장 마쓰데라 다케오(松寺竹雄)가 부임할 때까지 재직하였다. 마쓰데라는 도쿄제국대학 법과대학 영법과를 졸업하고 1910~1918년 경성지방법원 검사국 검사정, 1918~1923년 평양복심법원 및 대구복심법원 검사국 검사장을 거쳐 1923년 4월부터 1929년 10월까지 법무국장으로 재임하다가 고등법원 검사장으로 전보되어 1932년 1월까지 재임하였다. 나카무라 다케조와 마쓰데라 다케오 두 사람은 1920년대 조선총독부의 '검찰총장'과 '법무부장관'으로서 식민지 조선의 사법 통치에서 막강한 권력을 행사하였다.

1928년 6월 29일 자 『동아일보』에는 제령 제7호와 치안유지법의 차이에 대한 법무국장 마쓰데라의 담화 내용이 소개되었다. 그는 "제령 제7호는 정치운동에 대한 것이오, 치안유지법은 국체변혁운동에 대한 것이므로 법률의 목적이 다르며 국체라는 것은 주권, 민중, 국토의 삼자를 통칭하는 것으로 사법성과 내무성 사이에 의견이 일치되었으므로 만일 독립운동자가 결사를 하여 조선을 일본으로부터 이탈하고자 하는 운동을 하였다면 그 주모자는 치안유지법에 의하여 처벌될 것이다. 또한 제령 위반은 치안유지법보다 가벼운, 예를 들면 결사를 하지 않고 만세를 부른다든지 선전문을 배포한다든지 하는 자를 처벌하는 것이며 단독으로 하였다면 보안법 위반으로 처벌할 것이고 만일 관청 폭파, 살인 같은 행동으로 그 목적이 독립에 있다 하면 물론 치안유지법에 걸릴 것"이라고 언급하였다(『동아일보』, 1928.6.29).

　치안유지법이 시행된 지 3년이 지난 1928년 6월에 소개된 마쓰데라의 담화 내용에는 앞서 고등법원 판사 노무라의 해석이 좀 더 구체적으로 정리되어 있음을 알 수 있다. 즉 노무라는 조선의 독립을 정치 변혁과 국체 변혁 두 가지로 나누어 전자는 제령 제7호에, 후자는 치안유지법에 해당하는 것으로 파악하였는데, 법무국장 마쓰데라는 제령 제7호는 치안유지법 보다 가벼운 선전문 배포와 같은 '정치운동'에 대한 것으로 치안유지법에서 언급하는 국체를 '주권, 민중, 국토'로 구분하여 조선을 일본이라는 '국체'로부터 '이탈'시키고자 하는 행위 전체로 파악한 것이었다.

3
치안유지법의 적용과 사상통제

 1925~1943년 조선총독부 통계 등에 따르면 이 시기에 식민지 조선에서 치안유지법 위반으로 총 2,282건, 20,400명이 검거된 것으로 파악되고 있다. 정확한 수치는 좀 더 상세한 연구가 필요하지만 연도별 치안유지법 위반 검거자 현황은 〈표 1〉과 같다.

〈표 1〉 치안유지법 위반 건수와 검거자 수

연도	1925	1926	1927	1928	1929	1930	1931	1932	1933	1934
건수(건)	8	43	46	195	166	321	159	299	202	138
인원(명)	72	321	196	751	1,112	1,884	1,614	3,873	2,030	1,726

연도	1935	1936	1937	1938	1939	1940	1941	1942	1943	계
건수(건)	127	83	97	56	-	23	122	132	65	2,282
인원(명)	1,296	1,004	1,133	570	-	122	1,386	955	355	20,400

출처: 『조선총독부통계연보』, 1925~1943년도 참조.

1) '제1·2차 조선공산당 사건'과 치안유지법 적용

1925년 4월 17일 국내 사회주의 사상단체인 화요회가 중심이 되어 황금정(현 을지로 1가)에 있는 중화요리점 아서원에서 19명이 비밀리에 모여 조선공산당을 창립하였다. 조선공산당 초대 책임비서에는 화요회 출신 김재봉이 선출되었다. 또 다음날인 4월 18일 경성부 종로구 훈정동 4번지 박헌영의 집에서 고려공산청년회가 창립되었다. 조선공산당은 갓 태어난 조선공산당과 고려공산청년회의 승인을 받기 위해 세계 사회주의 운동의 지도부라고 할 수 있는 코민테른에 조동호와 조봉암을 파견하였다. 조선공산당은 당면 혁명을 반제국주의 민족해방혁명으로 규정하였고 독립운동을 조선인 전체의 이익을 목적으로 하는 일본제국주의에 저항하는 운동으로 파악하였다. 또 조선공산당은 일본제국주의에 대항하여 프롤레타리아의 이익을 포함하는 조선 인민의 일반적 운동을 지원해야 한다고 결정하였다.

1925년 11월 22일 밤 10시경 신의주의 경성식당에서 술을 마시다가 신만청년회 회원이 변호사 박유정, 신의주 경찰서 순사 스즈키(鈴木友義) 등 5명과 시비가 붙는 폭행 사건이 발생하였다. 이 사건의 수사 과정에서 신만청년회 회원인 김경서의 집에서 고려공산청년회 중앙집행위원회 회원자격 사표 및 통신문 세 통이 발견되었다. 이것은 『조선일보』 신의주 지국 기자 임형관이 맡겨 놓은 것으로 경성의 박헌영이 상하이의 조봉암에게 보낼 것을 위탁받은 것이었다. 신의주는 일제가 러일전쟁 시기 경의선을 부설하여 중국의 안둥현[(安東縣) 현재의 단둥(丹東)]에서 창춘(長春)-다롄(大連)의 남만주 철도로 이어지는 교통의 교두보였다. 신의주의 조선공산당

야체이카(러시아어로 '세포조직'이라는 뜻) 책임자는 독고전(獨孤佺)이었다. 1888년 평북 의주 출생으로 1921년 러시아 치타의 공산학교에서 수학한 독고전은 같은 해 11월 러시아 모스크바 극동민족대회에 참석하였고, 1924년 3월 꼬르뷰로 국내부 신의주 야체이카 책임자를 지낸 경력이 있었다. 그는 『조선일보』 신의주 지국장으로 상하이를 내왕하면서 국경 연락의 중책을 수행하고 있었다. 그러나 신의주 사건(제1차 조선공산당 사건)으로 일제 경찰에 의해 조선공산당원에 대한 검거 선풍이 일어나 100여 명의 조선공산당원과 고려공산청년회원이 검거되고 김재봉, 박헌영, 김약수, 유진희, 독고전 등 19명이 구속되었다.

1925년 12월 조선공산당은 강달영을 책임비서로 선출하여 괴멸된 당 조직을 복원하고 활동을 재개하였다. 조선공산당은 1926년 4월 25일 대한제국의 마지막 황제 순종이 서거하자 장례가 열리는 6월 10일을 기해 6·10만세운동을 계획하였다. 조선공산당 중앙위원이자 고려공산청년회 책임비서인 권오설은 6·10만세운동의 투쟁지도부로서 '6·10투쟁특별위원회'를 만들고 천도교 측과 함께 선전문을 준비하는 등 6·10만세운동을 준비하였다. 그러나 1926년 6월 6일 천도교 제3대 교주 손병희의 종손인 손재기의 집에 비밀리에 숨겨 놓은 수만 장의 선전문이 발견되면서 이를 계획하였던 조선공산당에 대한 검거가 시작되었다. 6·10만세운동으로 인한 '제2차 조선공산당 사건'으로 강달영과 권오설을 비롯한 100여 명의 조선공산당 관련자들이 검거되었다.

'제1차 조선공산당 사건'과 '제2차 조선공산당 사건'이 병합, 심리되어 1926년 9월 7일 검사국에 사건이 송치될 때까지 총 220명이 검거되었다. 이 중에서 치안유지법과 '다이쇼 8년(1919) 제령 제7호' 그리고 출판법 위반으로 101명이 재판에 회부되어 83명이 유죄판결을 받았다. 83명 가운데 79명에게 치안유지법 제1조 제1항이 적용되었고, 김항준, 백명천, 양재식, 이용재 4명에게는 제령 제7호 제1조 제1항이 적용되었다. 이 사건의 예심 취조 기록은 무려 4만여 쪽에 달했다. 그러나 이 중대한 사건은 조선총독부의 보도 통제로 1927년 3월 31일 예심이 종결되는 날까지 일체 보도되지 않은 가운데 재판이 진행되었다. 일제의 조선공산당 사건에 대한 신문 과정에서 박순병, 백광흠, 박길양, 권오상, 권오설 등이 고문 후유증으로 사망하였다.

1903년 함북 온성에서 태어난 박순병은 1925년 4월 고려공산청년회 창립대회에 참가하고 중앙위원 후보로 선임되었다. 그는 1926년에 『시대일보』 사회부 기자로 재직했고 조선공산당에 입당하여 경성부 제4야체이카, 언론 기관 프랙션에 배속되었다. 그는 1926년 7월 17일 종로경찰서에 체포되어 신문을 받다가 서대문형무소에 수감되었는데 병세가 악화되어 그해 8월 25일 사망하였다.

1894년 경남 동래에서 태어난 백광흠은 1920년 조선노동공제회 집행위원을 지냈다. 그 후 동래청년회 집행위원장, 마산노동동우회 집행위원 등을 역임했다. 1923년 6월 꼬르뷰로 국내부 동래 야체이카 책임자가 되었고, 1925년 2월 동래 대표로서 전조선민중운동자대회 준비위원으로 선임되었다. 이 무렵 조선공산당, 고려공산청년회에 가입했다. 그는 1926년 6·10만세운동으로 인한 '제2차 조선공산당 사건'으로 경찰에 체포되어 1년 6개월에 달하는 예심 과정에서 폐결핵 등으로 병보석 되었으나 결국 고문 후유증으로 1927년 12월 13일 사망했다.

박길양은 1894년 경기도 강화에서 대한제국 시기 참위(參尉)를 지낸 박제수의 아들로 태어났다. 1921년 상하이 대한민국 임시정부 독립공채 모집운동에 참여했다가 일본 경찰에 검거되어 그해 12월 경성지방법원에서 제령 제7호 위반 혐의로 징역 1년 6월을 선고받았다. 1925년 2월 강화도 대표로서 전조선민중운동자대회에 준비위원으로 참여했다. 그는 1925년 12월 '제1차 조선공산당 사건' 때 검거되어 복역 중 병보석을 하루 앞둔 1928년 1월 19일 고문으로 옥사했다.

권오상은 1900년 경북 안동에서 서당 훈장의 아들로 태어났다. 1924년 중앙고등보통학교 재학 중 신흥청년동맹에 가입했다. 1925년 연희전문학교에 입학하고 그해 고려공산청년회, 조선공산당에 입당했다. 그 후 조선학생과학연구회 결성에 참여하고 집행위원이 되었다. 1926년 6·10만세운동 당시 태극기와 조선독립만세기를 만들고 격문을 작성하여 살포하며 시위에 참여했다가 체포되었다. 이후 경찰의 고문으로 폐병으로 고생하다 병보석 되었으나 1928년 6월 3일 자택에서 요양 중 사망했다.

권오설은 1899년 경북 안동에서 태어나 1925년 4월 고려공산청년회 결성대회에 참가하여 중앙집행위원이 되었고 12월 책임비서가 되었다. 1926년 4월 천도교 구파와 함께 6·10만세운동을 계획하고 선전물을 작성, 인쇄했다. 6월 '제2차 조선공산당 사건'으로 종로경찰서에 검거되어 1928년 2월 경성지법에서 징역 5년을 선고받고 복역 중 고문 후유증으로 1930년 4월 옥사했다.

또 조선공산당 2대 책임비서를 역임했던 경남 진주 출신 강달영은 1933년 만기 출옥 후 1942년 병사했고, 조선공산당 초대 책임비서 김재봉은 옥중에서 폐병으로 신음하다가 1931년 11월 출옥했으나 해방을 1년 앞둔 1944년 사망했다.

〈표 2〉 '제1·2차조선공산당 사건' 관련자 판결 내용 및 법 적용 (판결일: 1928.2.23)

일련번호	이름 (생년/나이)	본적	형량 및 법 적용
1	김재봉(1890)	경북 안동	징역 6년, 치안유지법 제1조 제1항
2	강달영(41)	경남 진주	징역 6년, 치안유지법 제1조 제1항
3	권오설(1899)	경북 안동	징역 5년, 치안유지법 제1조 제1항. 1930.4.17 옥사
4	김두전(김약수)	경남 동래	징역 4년, 치안유지법 제1조 제1항
5	유진희(35)	충남 예산	징역 4년, 치안유지법 제1조 제1항
6	김상주(27)	경남 마산	징역 4년, 치안유지법 제1조 제1항
7	진병기(33)	경북 칠곡	징역 4년, 치안유지법 제1조 제1항
8	이준태(1892)	경북 안동	징역 4년, 치안유지법 제1조 제1항
9	홍증식(33)	경기 고양	징역 4년, 치안유지법 제1조 제1항
10	전정관(29)	함북 북청	징역 3년 6월, 치안유지법 제1조 제1항
11	임원근(29)	경기 개성	징역 3년 6월, 치안유지법 제1조 제1항
12	독고전(40)	평북 의주	징역 3년, 치안유지법 제1조 제1항
13	정운해(1893)	경북 대구	징역 3년, 치안유지법 제1조 제1항
14	이봉수(李鳳洙)(36)	함남 홍원	징역 3년 6월, 치안유지법 제1조 제1항(동아일보 기자)
15	박래원(27)	경성 숭인동	징역 3년, 치안유지법 제1조 제1항
16	민창식(30)	경성 안국동	징역 3년, 치안유지법 제1조 제1항
17	임형관(1904)	평북 의주	징역 3년, 치안유지법 제1조 제1항
18	신철수(1903)	경북 대구	징역 3년, 치안유지법 제1조 제1항
19	홍덕유(1882)	경기 수원	징역 2년 6월, 치안유지법 제1조 제1항, 제령 제7호 징역 6월
20	윤덕병(1884)	경성 수표동	징역 2년 6월, 치안유지법 제1조 제1항
21	송덕만(송봉우)		징역 2년 6월, 치안유지법 제1조 제1항
22	염창렬(24)	황해 재령	징역 2년 6월, 치안유지법 제1조 제1항
23	박민영(23)	중국 지린 옌지	징역 2년 6월, 치안유지법 제1조 제1항
24	이지탁(29)	평남 강서	징역 2년 6월, 치안유지법 제1조 제1항
25	김경재(29)	황해 황주	징역 2년 6월, 치안유지법 제1조 제1항
26	노상렬(24)	강원 양양	징역 2년 6월, 치안유지법 제1조 제1항

일련번호	이름 (생년/나이)	본적	형량 및 법 적용
27	장순명(1900)	함남 원산	징역 2년 6월, 치안유지법 제1조 제1항
28	김정규(1899)	경남 합천	징역 2년, 치안유지법 제1조 제1항
29	어수갑(1896)	경기 김포	징역 2년, 치안유지법 제1조 제1항
30	류연화(1899)	경북 안동	징역 2년, 치안유지법 제1조 제1항
31	도용호(1895)	함남 함흥	징역 2년, 치안유지법 제1조 제1항
32	이병립(25)	강원 통천	징역 2년, 치안유지법 제1조 제1항
33	신명준(1894)	경남 하동	징역 2년, 치안유지법 제1조 제1항
34	최안섭(1903)	전남 광주	징역 2년, 치안유지법 제1조 제1항
35	김명규(39)	마산 석정	징역 2년, 치안유지법 제1조 제1항
36	박태홍(37)	경남 진주	징역 1년 6월, 치안유지법 제1조 제1항
37	박일병(1893)	함북 온성	징역 1년 6월, 치안유지법 제1조 제1항
38	김창준(29)	함북 온성	징역 1년 6월, 치안유지법 제1조 제1항
39	구창회(1897)	경성 봉래정	징역 1년 6월, 치안유지법 제1조 제1항
40	김유성(1894)	전남 광주	징역 1년 6월, 치안유지법 제1조 제1항
41	배치문(1890)	전남 목포	징역 1년 6월, 치안유지법 제1조 제1항
42	채규항(31)	함남 홍원	징역 1년 6월, 치안유지법 제1조 제1항
43	정진무(1882)	전남 광양	징역 1년 6월, 치안유지법 제1조 제1항
44	이영민(47)	전남 순천	징역 1년 6월, 치안유지법 제1조 제1항
45	황수룡(21)	경남 고성	징역 1년 6월, 치안유지법 제1조 제1항
46	김직성(1902)	경남 사천	징역 1년 6월, 치안유지법 제1조 제1항
47	정순제(25)	전남 광양	징역 1년 6월, 치안유지법 제1조 제1항
48	이상훈(34)	경북 대구	징역 1년, 치안유지법 제1조 제1항
49	김동부(32)	함남 안변	징역 1년, 치안유지법 제1조 제1항
50	이충모(33)	함남 홍원	징역 1년, 치안유지법 제1조 제1항
51	이은식(26)	경성 주교정	징역 1년, 치안유지법 제1조 제1항
52	고윤상(27)	경성 누하동	징역 1년, 치안유지법 제1조 제1항
53	강균환(1900)	경성	징역 1년, 치안유지법 제1조 제1항
54	김연희(30)	경기 김포	징역 1년, 치안유지법 제1조 제1항
55	배성룡(32)	경북 성주	징역 1년, 치안유지법 제1조 제1항
56	이승엽(23)	경기 부천	징역 1년, 치안유지법 제1조 제1항

일련번호	이름 (생년/나이)	본적	형량 및 법 적용
57	남해룡(34)	경남 진주	징역 1년, 치안유지법 제1조 제1항
58	신표성(31)	충남 논산	징역 1년, 치안유지법 제1조 제1항
59	조동혁(43)	경남 하동	징역 1년, 치안유지법 제1조 제1항
60	이민행(40)	고양군 은평면	징역 1년, 치안유지법 제1조 제1항
61	조준기(37)	전남 화순	징역 1년, 치안유지법 제1조 제1항
62	조용주(39)	경기 파주	징역 1년, 치안유지법 제1조 제1항
63	권오상(28)	경북 안동	징역 1년, 치안유지법 제1조 제1항. 1928.5.15 고문으로 인한 폐병 등으로 보석, 1928.6.3 사망
64	김완근(43)	전남 광양	징역 1년, 치안유지법 제1조 제1항
65	오기섭(25)	함남 홍원	징역 1년, 치안유지법 제1조 제1항
66	이창수(1886)	전남 순천	징역 1년, 치안유지법 제1조 제1항
67	박병두(1883)	전남 순천	징역 1년, 치안유지법 제1조 제1항
68	이수연(26)	황해 재령	징역 1년, 치안유지법 제1조 제1항
69	김기호(34)	경남 마산	징역 1년, 치안유지법 제1조 제1항
70	최일봉(27)	전남 광주	징역 1년, 치안유지법 제1조 제1항
71	정순화(26)	전남 광양	징역 1년, 치안유지법 제1조 제1항
72	정태중(26)	전남 구례	징역 1년, 치안유지법 제1조 제1항
73	허영수(27)	전남 순천	징역 1년, 치안유지법 제1조 제1항
74	김재중(25)	전남 광주	징역 1년, 치안유지법 제1조 제1항
75	정홍모(25)	전남 순천	징역 1년, 치안유지법 제1조 제1항
76	강종록(23)	경남 마산	징역 1년, 치안유지법 제1조 제1항
77	윤윤삼(24)	경남 마산	징역 1년, 치안유지법 제1조 제1항
78	김용찬(23)	경남 창원	징역 1년, 치안유지법 제1조 제1항
79	이봉수(李鳳壽)(23)	마산 원정	징역 1년, 치안유지법 제1조 제1항
80	김항준(37)	평북 신의주	징역 1년, 치안유지법 제1조 제1항
81	백명천(33)	경성부 이화동	징역 10월, 제령 제7호 제1조 제1항
82	양재식(30)	경성부 안국동	징역 8월 집행유예 2년, 제령 제7호 제1조 제1항
83	이용재(24)	경성부 천연동	징역 8월 집행유예 2년, 제령 제7호 제1조 제1항
84	이규송(1899)	함북 성진	무죄
85	이호(1903)	경북 달성	무죄

일련 번호	이름 (생년/나이)	본적	형량 및 법 적용
86	박태선(1898)	강원 고성	무죄
87	설병호(1891)	전남 광주	무죄
88	서정희(1877)	전남 광주	무죄
89	문상직(1892)	경북 대구	무죄
90	권영규(1899)	함남 홍원	무죄
91	한정식(32)	함남 홍원	무죄
92	배덕수(34)	경성 안국동	무죄
93	팽삼진(27)	마산 만정	무죄
94	김종신(25)	마산 오동동	무죄
95	이봉수(1899)	강원 춘천	무죄
96	박길양(33)	경기 강화	1928.1.19 고문으로 옥사

출처: 전명혁, 「1920년대 '사상사건'의 치안유지법 적용 및 형사재판과정」, 『역사연구』 37호, 2019.

2) 1928년 치안유지법의 개정

1925년 5월에 공포된 치안유지법은 1928년 칙령 제129호에 따라 개정되었다. 총 7개조 가운데 제1조의 내용이 세분되고 형량이 더욱 무거워졌다. 즉 제1조 제1항이 "국체를 변혁함을 목적하고 결사를 조직한 자나 결사의 역원(간부) 기타 지도자의 임무에 종사한 자는 사형이나 무기 혹은 5년 이상의 징역이나 금고에 처하며 정을 알고 결사에 가입한 자 또는 결사의 목적을 수행하려는 행위를 한 자는 2년 이상의 징역이나 금고에 처함", 제2항이 "사유재산제도를 부인함을 목적하고 결사를 조직한 자나 정을 알고 결사에 가입한 자 혹은 결사의 목적을 수행하려고 행위를 한 자는 10년 이상의 징역이나 금고에 처함. 앞 제2항의 미수죄는 이를 벌함"

으로 개정되었다.

일본의 다나카 기이치(田中義一) 내각하에서 개정된 치안유지법의 주요 내용은 다음의 두 가지였다. 첫째, 형량을 높여 국체 변혁을 목적으로서 결사를 조직한 자, 지도한 자에게 최고 사형을 부과하였다. 즉, '엄벌주의'를 취해 좌익에 대한 위압과 예방을 목적으로 하였다. 둘째, '목적수행죄'를 설치하였다. 이것은 공산당의 활동을 지지하고 당의 목적에 기여한다고 보여지는 여러가지 행위를 벌하는 것이었다. 선전도 당연 포함되었다. 엄벌화보다도 상당히 중대한 개정 부분이었다고 할 수 있다.

1928년 개정 치안유지법은 '사유재산을 부인하는 사상'과 '국체를 변혁하는 사상'을 구별하였다. 또 '목적수행죄'를 두어 1925년 치안유지법에서는 공산당의 정식 당원만 피의자로 기소될 수 있었지만 구성원 이외의 자를 비합법 결사의 '목적수행죄'로 처벌할 수 있게 하였다. 다나카 내각은 이 개정안을 제55회 제국의회에서 통과시키려 했지만 회기 종료로 성립되지 못하자 1928년 6월 29일 '긴급칙령'(칙령 제129호)으로 재가하여 이를 공포하였다.

일본 정부가 치안유지법의 개정안을 긴급하게 제출한 배경에는 '3·15 사건'이라는 일본공산당 등에 대한 대대적인 검거사건이 있었다. 1928년 2월 제1회 보통선거가 실시되었지만 사회주의적 정당(무산정당)의 활동에 위기감을 느낀 다나카 내각은 1928년 3월 15일 이들을 치안유지법 위반 혐의로 전국에서 일제히 검거하였다. 일본 신문들은 1928년 4월 10일 '공산당의 결사 폭로, 전국에서 천여 명 대검거', '국체를 근본적으로 변혁하고 노농독재정치를 계획'이라는 내용으로 3·15사건에 대한 기사를 보도하였다. 이 사건으로 일본공산당, 노동농민당 등의 관계자 약 1,600명이 검거되었고 그 가운데 500여 명이 기소되었다.

  1928년 4월 11일 다나카 내각은 "사건의 내용은 완전 무결의 국체를 근본적으로 변혁하여 노농 계급의 독재정치를 수립하고 그 근본 방침으로서 힘을 노농러시아 옹호 및 각 식민지의 완전한 독립 등에 바쳐 공산주의사회의 실현을 기하고 당면 정책으로서 혁명을 수행하는 데 있다는 것이다"라는 성명을 발표했다. 이 성명은 공산주의가 주창하는 '노농 계급의 독재정치'가 국체 변혁에 해당한다는 것을 정부가 최초로 공식 인정한 것이다. 일본공산당의 '27년 테제'는 '군주제의 폐지'를 언급하고 있고 이것이 공산당에게 '국체 변혁' 조항을 적용하는 단서가 되었다. 다나카 수상의 성명은 국체에 대한 반역자로서 공산당을 규탄하고 공산주의에 대한 혐오를 국민에게 안겨 주는 것이었다.

3) 1928년 개정 치안유지법의 적용 사건

  식민지 조선에서 1928년 개정 치안유지법이 처음으로 적용된 '사상 사건'은 '제1차 간도(間島)공산당 사건'이었다. 간도공산당 사건은 일제가 간도에서 활동하던 공산주의운동가들을 검거한 사건으로 1927년부터 1930년까지 모두 세 차례에 걸쳐 일어났다. 제1차는 조선공산당 만주총국이 1927년 10월 경성에서 진행 중이던 조선공산당 공판의 공개를 요구하는 시위를 계획하다가 일제 간도영사관 경찰서에 검거된 사건이었다. 이 사건으로 조선공산당 만주총국 책임비서 대리 조직부장 최원택(崔元澤), 동만 구역국 책임비서 안기성(安基成)을 비롯하여 이주화(李周和), 김지종(金知宗) 등 29명이 징역 8년부터 1년까지의 실형을 선고받았다. 이 사건에 대한 1심 선고 재판은 1928년 12월 28일에 경성지방법원 형사부에서 재판장 조선총독부 판사 마쓰히로(末廣淸吉)를 비롯하여 고노(小野勝太郎), 구리야마(栗山茂二) 등 3인이 관여했다.

조선공산당 만주총국은 1926년 5월 16일 중국 지린성 웨이사(葦沙) 이멘포(一面坡)의 들판에서 김찬이 파견한 최원택, 조봉암, 김동명, 윤자영, 김하구 등에 의해 설립되었다. 본거지는 지린성 닝안현(寧安縣) 닝구타(寧古塔)에 두고 동만, 남만, 북만에 각 구역국을 설치하였으며 조봉암을 책임비서로, 최원택을 조직부 책임으로, 윤자영을 선전부 책임으로 그리고 김하구, 김철훈, 김용낙을 중앙집행위원으로 임명하였다. 이후 조봉암은 상하이로 돌아가서 코민테른의 극동부원으로 활동하기 위하여 오희선(嗚義善)을 만주총국 책임비서로 임명하였는데 오희선이 부임할 때까지는 최원택이 대리를 맡게 되었다. 그리고 1927년 10월 초 일제 당국에 의한 제1차 간도조선공산당 검거사건이 발생하였다.

만주총국은 일본공산당의 지도자이며 이론가인 후쿠모토 가즈오(福本和夫)의 '방향전환론'의 영향 속에서 정치투쟁으로 전환할 때에 관한 조선공산당의 지시에 따라 연속적인 반일시위를 단행했다. 1927년 5월 1일 연변 지구의 조선 민중들은 조선공산당 만주총국 동만 구역국의 구체적인 지도하에 중국 룽징(龍井), 투도구 일대에서 '5·1절 국제노동절기념시위행진'을 성대하게 진행하고 일제의 침략과 조선 민중들에 대한 만행을 규탄하였다. 이 5·1절 시위운동은 별다른 방해 없이 순조롭게 거행되어 큰 성과를 거두었다. 이에 고무된 동만 구역국에서는 조선공산당 사건에서 체포된 동지들의 공판대회를 반대함과 아울러 '일본제국주의를 타도'하고 '일체 정치범의 석방'을 요구하는 반일시위를 10월 2일에 단행하기로 결정하였다.

그런데 10월 2일 룽징에 폭우가 내려 시위운동이 연기되었고, 이날 동만 구역국 간부들은 만주총국 책임비서 대리인 안기성의 집에 모여 함께 투쟁계획을 모색하였다. 그러나 사전에 이런 상황을 탐지한 간도 일본총영사관은 경찰을 파견하여 안기성의 집을 포위하고 최원택, 안기성, 현칠종, 이주화, 김소연, 임계학, 박재하, 김규국 등 구역국 간부들을 체포하였다. 다음날 10월 3일 이 사실을 알게 된 대성중학교와 동흥중학교의 청년학생들은 손에 '적기'를 들고 거리에 나와 삐라(전단)를 뿌리면서 시위행진을 단행하였다. 시위대오는 거리를 지나 일본총영사관 문 앞에 가서 체포된 간부들을 석방하라고 외치며 항의를 하였다. 청년학생들은 "일제침략을 반대하자!", "일제백색테러 반대!", "일체 정치범 석방!", "무고한 교원들을 석방하라!" 등등의 구호를 외치면서 시위하였다. 이 사건으로 조선공산당 만주총국 관련 주요 간부 29명이 체포되고 경성에 압송되어 재판에서 징역을 선고받았다. 이것이 바로 '제1차 간도공산당 사건'이다.

1928년 4월 30일 경성지방법원은 간도공산당 사건의 예심을 종결하여 박진욱을 제외하고 29명을 치안유지법 위반 혐의로 기소하였다. 예심이 종결된 지 무려 6개월이 지난 1928년 11월 26일 첫 번째 공판이 시작되었다. 1928년 12월 5일 경성지방법원은 간도공산당 사건 관계자 29명 중 한장순은 늑막염으로 분리 심리하기로 하고 나머지 28명에 대한 공판을 속개하여 '개정 치안유지법을 최초로 적용'하여 〈표 3〉과 같이 구형하였고, 1928년 12월 27일 간도공산당 사건의 관련자 28명에 대한 선고 공판을 경성지방법원에서 개정하여 〈표 3〉과 같이 선고하였다.

판결문에 언급된 제1차 간도공산당 사건 관련자 28명 중 최원택에 대

〈표 3〉 '제1차 간도공산당 사건' 관련자 형량

피고(나이)	구형	판결	구류 통산
최원택(42)	8년	6년	150일
김지종(27)	7년	5년	150일
안기성(31)	7년	5년	150일
이주화(30)	6년	4년	150일
김소연(35)	6년	4년	150일
김정환(22)	5년	4년	150일
현칠종(31)	4년	4년	150일
임계학(44)	4년	4년	150일
황일보(40)	3년	2년 6월	150일
박재경(35)	4년	2년	150일
장시철(35)	4년	2년	150일
이영근(24)	2년	2년	150일
한일(35)	2년	2년	150일
방훈(29)	2년	2년	150일
김규극(40)	3년	1년 6월	150일
하리환(30)	3년	1년 6월	150일
차종수(32)	2년	1년 6월	150일
송산우(28)	2년	1년 6월	150일
김홍계(26)	2년	1년 6월	150일
정성기(29)	2년	1년 6월	150일
정인절(38)	2년	1년 6월	150일
방명준(26)	2년	1년 6월	150일
임동원(32)	2년	1년 6월	150일
이주봉(23)	2년	1년 6월	150일
박일무(26)	1년	1년	집행유예 3년
이종회(39)	1년	1년	집행유예 3년
남병석(34)	1년	1년	60일
진종완(26)	1년	1년	90일

출처: 『동아일보』, 1928.12.5, 1928.12.28.

한 구체적인 법 적용의 내용은 다음과 같다. 최원택이 결사(조선공산당)를 조직한 행위는[결사조직 행위만이 다이쇼 8년(1919) 제령 제7호 시행 당시에 행해진 것이고 기타의 행위는 구 치안유지법 시행 당시에 행해진 것이다.] 그 행위 당시의 법령에 의하면 제령 제7호 '정치에 관한 범죄처벌의 건' 제1조 제1항에 해당하고, 그 결사의 조직과 임원 및 지도자인 임무에 종사한 행위는 구 치안유지법에 의하면 동법 제1조 제1항에 해당한다. 쇼와 3년(1928) 칙령 제129호에 의해 개정된 치안유지법에 의하면 그 결사의 조직은 동법 제1조 제1항 전단에 해당함과 동시에 동조 제2항 전단에 해당하고 그 후 임원 및 지도자인 임무에 종사(만주총국의 설치 및 이와 동시에 동국의 집행위원 조직부장이 됨)한 점은 동조 제1항 전단에

제1차 간도공산당 사건 판결 후 피고인들의 모습

출처: 『동아일보』, 1928.12.28.

해당한다.

즉 형사법의 기본인 '행위시법'의 원칙에 따라 최원택이 조선공산당을 조직한 행위는 치안유지법이 시행되는 1925년 5월 12일 이전이기 때문에 제령 제7호를 적용하였고, 이후 최원택이 1926년 2월 상하이에서 조선공산당 상하이 지부의 책임비서를 맡은 행위는 구 치안유지법 제1조 제1항에 해당된다는 것이다. 또 1926년 5월 조선공산당 만주총국을 조직하고 조직부장으로서 활동한 행위는 1928년 개정 치안유지법 제1조 제1항 전단에 해당한다는 것이었다.

또한 판결문은 "위 조직은 한 개의 행위로 여러 개의 죄명에 저촉되는 경우이므로 형법 제54조 제1항 전단, 제10조에 의해 무거운 국체 변혁을 목적으로 하는 결사조직의 형에 따른다. 그리고 이것과 임원 및 지도자인 임무에 종사한 행위와는 연속 관계에 있음에 대해 동법 제55조를 적용하여 무거운 결사조직의 한 죄로서 처단해야 하는데 범죄 후의 법률에 의해 형의 변경이 있던 경우이므로 동법 제6조, 제10조에 의해 그 형을 비교, 대조함에 중간법 및 범죄행위 시 법은 모두 현행법보다 그 형이 가볍고 중간법과 범죄행위 시 법과는 그 형이 동일함에 대해 범죄행위 시 법인 다이쇼 8년(1919) 제령 제7호 정치에 관한 범죄 처벌의 건 제1조 제1항에 의해 처단하기로 하고 그 소정형 중 징역형을 선택하여 동 피고인을 징역 6년에 처해야 한다"라고 하였다.

즉 최원택이 조선공산당 만주총국 조직부장으로서 여러 활동을 한 행위는 형법상 '수 개의 죄명에 저촉'되면서 동시에 '수 개의 행위로 인한 동일 죄'이므로 당시 형법 제54조에 의해 더 높은 형으로 처벌해야 하는데 치안유지법의 개정으로 인한 형량의 변경이 있으므로 형법 제6조에 의해 구 치안유지법과 제령 제7호는 개정 치안유지법보다 형이 가볍고 양형이 같기 때문에 제령 제7호를 적용하여 징역 6년에 처했다. 결국 최원택은 형법상 양형의 기본원리에 따라 제령 제7호에 의해 징역 6년을 선고받았지만 최원택이 조선공산당 만주총국 조직부장으로 활동한 부분은 개정 치안유지법 제1조 제1항이 적용되었다.

또 안기성이 조선공산당 만주총국에 가입한 점은 개정 치안유지법의 제1조 제1항 후단을 적용했고 동만 구역국 책임비서로 활동한 행위에 대해서는 행위 당시 법령인 구 치안유지법 제1조 제1항을 적용하였다. 역시 양형의 경우 형이 더 가벼운 구 치안유지법을 적용하여 징역 5년을 선고했다.

그런데 '제1차 간도공산당 사건'의 판결은 치안유지법의 적용 범위가 일본제국과 그 식민지인 '조선, 대만 및 화태(사할린)'로 정해졌기 때문에 '제국영토 외'의 결사를 대상으로 하는 부분은 치안유지법의 적용 범위를 넘어서는 것이라고 여겨진다. 물론 치안유지법 제7조에 "본 법은 이 법의 시행 구역 외에서 죄를 범한 자에게도 적용한다"라는 예외 조항을 두었지만 치안유지법의 적용의 범위와 관련하여 제7조는 주로 국외 만주, 러시아 연해주 등지에서 '독립운동', '사회주의운동'에 대한 적용을 염두에 둔 것으로 일본 '내지'와 비교할 때도 분명 차별적이었고 '확대 적용'이라고 할 수 있다.

4) '사상검사'의 탄생

1928년 일본공산당에 대해 대대적인 검거가 이루어진 3·15사건을 계기로 일본은 치안유지법의 전면적인 시행 국면을 맞게 되고, 조선도 1928년 조선공산당 재판 등을 계기로 치안유지법의 전면적 운용 단계에 들어갔다. 이러한 상황에서 1928년 6월 29일 '긴급칙령'으로 치안유지법이 개정되었고 1928년 8월 치안유지법 위반 사건을 전담하는 사상계 전임검사, 즉 '사상검사'가 탄생하였다.

1926년 후반 일본에서는 사법성 내에 사상범죄 또는 사상사건을 전담하는 사상과를 설치하는 계획이 수립되어 1927년 6월 사법성 형사국 내에 사상문제 전임 서기관 등 5인이 배치되었는데 이를 통칭 '사상부'라고 하였다. 이후 사법성은 33만 엔의 예산을 들여 1928년 5월 전국 공소원(오늘날의 고등법원) 검사장 회의에서 '사상검사'를 신설하는 안을 확정하였다. 식민지 조선에서도 1927년 12월 27일 경성복심법원 판사 이토 노리오(伊藤憲郎)가 평양복심법원 검사 겸 고등법원 검사로 임명되었다. 그 뒤를 이어 모리우라 후지오(森浦藤郎)가 '사상계 전임검사'로 임명되었다.

이토 노리오는 1892년 일본 아오모리(青森) 출생으로 1918년 7월 도쿄제국대학 법과대학을 졸업하고 같은 해 10월 경성지방법원 사법관 시보를 시작으로 1920년 6월 광주지방법원 정읍지청, 경성지방법원, 해주지방법원, 경성복심법원 등에서 판사로 근무했다. 1927년 12월 평양복심법원 및 고등법원 검사로 임명되어 1930년 9월 법무국 법무사무관, 1933년 8월 경성복심법원 겸 경성지방법원 검사, 1935년 7월 광주지방법원 검사 등 1945년까지 줄곧 조선총독부 검사로 활동했다.

모리우라 후지오는 1895년 일본 돗토리현(鳥取縣) 출생으로 1921년 4월 도쿄제국대학 법학부 영법학과를 졸업하고, 같은 해 6월 경성지방법원 사법관 시보를 시작으로 1923년 2월부터 대구지방법원 검사, 1927년 경성지방법원 인천지청 검사, 1929년 경성지방법원 검사국 검사, 1932년 1월 신의주지방법원 및 경성지방법원 검사, 평양복심 겸 고등법원 검사, 1934년 10월 조선총독부 법무국 행형과장, 법무국 법무과 사무관 등을 지냈다.

1931년 4월 조선총독부 고등법원 검사국 사상부는 『사상월보(思想月報)』를 발간하여 사회주의운동, 민족주의운동 등 주요 사상사건의 동향과 예심종결문, 판결문 등을 수록하였다. 『사상월보』는 1934년 12월 『사상휘보(思想彙報)』로 개제(改題)하여 1940년 12월, 25호까지 발간하였다. 이후 발간이 중단되다가 1943년 10월, 26호가 『사상휘보』 마지막 호로 속간되었다. 이후 고등법원 검사국 검사들은 검찰 사무에 도움을 줄 목적으로 1944년 3월부터 1945년 5월까지 『조선검찰요보(朝鮮檢察要報)』를 매월 발행하여 총 15호를 발간하였다.

이토 노리오　　　모리우라 후지오　　　사토미 간지

출처: 司法協會, 『朝鮮司法大觀』, 1936.

5) 치안유지법 적용의 확대

치안유지법 검거자 수는 1928년 1,304명에서 점점 늘어나 1932년에는 4,257명으로 최고조에 달하였다. 치안유지법 위반이 급증한 이유는 사회운동의 고양뿐만 아니라 개정 치안유지법의 운용을 더욱 확대한 점도 있었다. 당시 『동아일보』는 치안유지법의 개정으로 엄벌주의가 강화되고 있음을 간파하고 "사상범죄와 대책-엄벌보다 원인의 시정"이라는 사설을 통해 엄벌주의만으로 사상을 전환시킬 수 없으며, 그릇된 사상의 근원에 존재하는 사회생활의 왜곡이나 결함을 시정하는 것이 근본적임을 제언하였다(『동아일보』, 1932.10.25).

사상사건의 급증은 치안유지법에 대한 재개정 시도를 가져와 일본은 1934년, 1935년 두 차례에 걸쳐 '전향(轉向)제도' 등을 포함하는 치안유지법의 전면적 개정을 준비하였다. 그러나 이 개정안은 우익단체와 관련된 국가주의운동의 단속과 예방구금에 대한 공방과 반대로 이루어지지 못했다. 치안유지법 개정 시도에 대해 『동아일보』가 1933년 6월 27일 자 사설에서 부정기 구금 또는 예방구금제 도입 등에 대한 강한 위구심을 표명하는 등 당시 조선의 국내 언론 등은 민감하게 대응하였다.

당시 고등법원 검사국이 작성한 1925~1933년까지 '민족주의 계열 치안유지법 사건'의 검거자 수의 추이를 보면 검거자 합계는 556명, 기소자 합계는 383명으로 총 검거자의 4.3%, 총 기소자의 8.6%에 해당하며 독립운동으로 검거, 기소되는 비율은 감소하고 있었다. 경성지방법원 검사국의 사상검사 사사키 히데오는 치안유지법 시행 후 식민지의 독립운동은 국체변혁운동으로서 치안유지법 적용 대상이 되어 적용 법령이 제령 제7호에서 치안유지법으로 바뀌었음을 주장하였지만 실제로는 여전히 제령 제7호도 존속한 가운데 치안유지법 적용이 일반화되었다.

민족주의 계열의 치안유지법 사건 가운데 1929년 5월 20일 경성지방법원에서 열린 '공명단(共鳴團) 사건'은 '제1·2차 조선공산당 사건'의 판결 과정에서 도출된 '제국의 속박 이탈=국체 변혁=조선 독립'이라는 공식이 판결에 활용된 사건이다. 또한, 1930년 7월 2일 자 『도쿄일일신문(東京日日新聞)』은 독립운동에 치안유지법을 적용하는 문제에 대해 상이한 견해가 존재했으나 신판례로 법 적용의 통일이 이루어지게 되었다고 하였다. 여기서 신판례는 1930년 7월 21일 신간회 철산 지부의 설립을 '치안유지법의 국체의 변혁을 기도한 것'으로 파악한 고등법원의 판결이다. 그런데 오기노 교수는 이에 앞서 고려혁명당 안주 총부장 황금술(黃金述)의 상고에 대해 1930년 5월 22일 고등법원이 제령 제7호와 더불어 치안유지법 위반 혐의를 동시에 적용한 판결을 내린 것을 언급하였다. 황금술은 1923년 1월 상하이의 국민대회에 참석한 것 때문에 1930년 3월 6일 평양복심법원에서 '제령 제7호' 위반 혐의로 판시되었다. 그러나 고등법원 형사부 재판장 마스나가 쇼이치(增永正一) 판사는 이를 파기하고 치안유지법을 적용하여 '제령 제7호와 치안유지법의 관계'에 대한 나름의 판단을 내린 것이다. 즉 조선의 독립을 기도하는 실행 방법으로 그 결의에 참여하는 경우는 '제령 제7호'에 해당함과 동시에 치안유지법에도 해당하는 것은 두말할 필요가 없다. 그러나 국체를 변혁할 목적으로 '제령 제7호' 위반 행위를 하고 이로써 치안을 방해하고자 했던 본 건의 경우, 그 행위는 치안유지법 위반 행위에 포함되기 때문에 원심이 '제령 제7호'만을 적용한 것은 당위성을 상실한 것으로 법령 적용 착오가 있으며 파기를 면할 수 없다고 판결한 것이었다.

　1930년대 전반기까지 십자가당 사건, '제3차 조선공산당 사건', 조선공산당 책임비서 차금봉 등의 '제4차 조선공산당 사건', '간도 5·30사건', 조선학생전위동맹 사건, 경성고등여학생 동맹휴교 사건 등 여러 치안유지법 위반 사건들이 발생했다. 1920년대 말부터 1930년대 전반까지 치안유지법 판결의 특징을 오기노는 일곱 가지로 정리하였다.

　첫째, 조선공산당·고려공산청년회 관련 사건 및 그 재건운동의 경우 치안유지법 제1조 제1항과 제2항, 즉 국체 변혁과 사유재산제도 부인 조항이 적용되었는데 개별적인 공산주의운동 사건 판결에는 제1항 국체 변혁을 적용하지 않고 제2항 사유재산제도 부인만을 적용하는 사례가 빈번히 나타났다. 둘째, 일본의 치안유지법 적용은 국체 변혁, 즉 치안유지법 제1조 제1항으로 수렴되고 제2조 이하의 적용은 극히 적었는데 1930년대 전반기 조선의 치안유지법 위반 사건에는 제2조 협의죄와 제3조 선동죄 위반이 적용이 10%에 달할 정도로 증가하였다. 셋째, 만주사변 이후 치안유지법 위반 사건이 급증했는데 조선에서는 이 시기 반제운동에 대한 탄압이 현저히 증가하였다. 넷째, 조선의 치안 당국은 조선공산당 재건운동을 봉쇄하면서 공산주의운동이 노동운동과 소작쟁의로 파고드는 것에 대한 경계를 강화하면서 그 대응으로 농민조합과 노동조합이라는 합법단체 운동을 치안유지법으로 처벌할 수 있는 논리를 개발하여 활용하였다. 다섯째, 1932년 중반까지 조선공산당·고려공산청년회와 직접 연결되는 재건운동은 차단되었지만 그 시도는 계속되었고, 치안 당국은 억지로 조선공산당과 고려공산청년회 재건운동으로 규정하여 처벌하는 사건이 생겨났다. 여섯째, 조선공산당, 고려공산청년회뿐 아니라 민족주

계열의 다양한 비밀결사를 치안유지법 위반 사건으로 판결하였다. 일곱째, 일본에서는 나타나지 않았던 농민조합 등 계몽적 학습활동에 주목한 공산주의적 교양, 투사 양성이라는 새로운 명목이 개발되어 치안유지법 위반 사건으로 판결하였다.

6) 치안유지법의 전면적 적용 확대

치안유지법 검거자 수와 검사국의 사건 처리 수는 1932년을 정점으로 점차 감소하였고, 감소 경향은 1935년부터 현저해졌다. 그리고 민족주의운동에 해당하는 숫자는 거의 그림자를 감췄다. 이는 조선에서 사회주의운동이 민족주의운동보다 점점 대중적이 되었다는 것을 의미하는 것이었다.

또한 1936년 12월 조선사상범보호관찰령의 시행으로 '사상정화대책'을 강화, 철저히 한다는 방침이 결정되었고, 이에 따라 1939년 8월 '사상정화 대책요강' 공포, '사상 요경계인물'에 대한 검거 조치 등이 시행되어 비전향자에 대한 예비검속 등 처분이 이루어지게 되었다.

중일전쟁 이후 치안유지법 운용에는 세 가지 변화가 나타났다. 첫째, 치안유지법 적용 건수와 인원이 감소하여 1937년에는 1,228명으로 증가하였으나 1938년에는 987명으로 감소하였고 1939년에는 790명으로 현저히 감소하였다. 둘째, 사회주의운동이 급격히 쇠퇴한 가운데 독립운동에 대한 치안유지법 적용이 상대적으로 증가하여 1938년 6월부터 1940년 6월까지 '국체 변혁=치안유지법 제1조 제1항' 기소자가 1,226명, '사유재산제도 부인=치안유지법 제1조 제2항' 기소자는 440명이었다. 셋째, 종교에 대한 탄압, 즉 기독교 외의 종교단체 관계자가 불경, 치안유지법, 보안법 혹은 군형법 위반 등의 죄로 검거, 처벌되는 경우가 속출하였다.

오기노는 조선의 양형이 일본보다 무거운 이유를 다음과 같이 정리하였다. 첫째, 조선에서 사회·공산주의운동은 조선 독립, 조선 민족해방이라는 목적을 관철하기 위한 수단으로 채택되었다는 '조선사상범의 특수성', 둘째, 조선의 사상범은 형법범이나 다른 특별법 범죄명이 부가되는 경우가 많다는 '범죄의 복잡성', 셋째, 일본 국내는 공산당의 목적수행죄, 결사조직 가입으로 기소되는 경우가 극히 적은 데 비해 조선에서는 결사조직 또는 가입 행위로 처벌되는 경우가 매우 많았다는 '죄의 성격(罪情)의 중대성', 넷째는 전향 문제로, 1933년 조선에서도 사상 전향 시대에 들어가 전향자가 점증하여 특히 중일전쟁 이후 그 경향이 강화되었다는 점을 들고 있다. 그럼에도 조선에서 전향자 수가 일본에 비해 적었던 이유는 형벌이 무거웠고 집행유예자의 수가 많았던 점, 신념을 지키려는 점 등을 들고 있다.

1933년 12월 20일 경성지방법원의 '간도 5·30사건' 1심 판결에서 33명이 항소하였는데 경성복심법원은 1936년 2월 24일 판결에서 치안유지법 제1조 제1항 위반으로 18명에게 사형, 4명에게 무기징역 등을 선고하였다. 이에 22명 모두가 상고하였지만 고등법원은 1936년 6월 18일 상고를 기각하고 형을 확정하였다. 이 22명 가운데 주현갑(周現甲), 이동선, 조동률, 권태산, 노창호 등 16명이 경성복심법원에 재심을 청구하였으나 1936년 7월 9일 경성복심법원 형사부 부장판사 오기 마사노리(荻昌德)는 재심 청구의 이유가 없다고 전부 기각 결정을 하였다. 결국 1936년 7월 22일 서대문형무소에서 주현갑, 김응수 등 간도 5·30사건 관련자 18명의 사

간도 5·30사건에서 18명을 사형 집행
출처: 『동아일보』, 1936.7.24.

경성복심법원 부장판사 오기 마사노리
출처: 司法協會, 『朝鮮司法大觀』, 1936.

형이 집행되었다. 이 가운데 주현갑에게는 치안유지법 위반만으로 사형을 선고했는데 이는 처음으로 치안유지법 위반 혐의로 사형이 집행된 사례였다. 그야말로 법의 이름으로 살인을 자행한 사법살인으로 일제 사법당국의 잔혹함을 엿볼 수 있는 판결이었다.

이 무렵 합법적 민족운동에 대해서도 치안유지법 위반을 적용하는 사례가 늘어났다. 1936년 6월 종로경찰서가 상하이에서 독립운동을 하였던 한국독립당과 한국민족혁명당, 중국육군항공학교 등과 관련이 있다고 안재홍을 검거하였고, 1937년 10월 19일 경성지방법원이 결국은 보안법을 적용하여 징역 2년을 선고하였다. 1930년대 후반 학생들 사이에서 민족주의적 경향이 고조되면서 대한독립만세라는 낙서가 발견되었는데 이에 대해 민족적 배후관계가 있다고 수사에 착수한 사례, 1938년 10월 비밀결사 도라회 사건, 1938년 10월 28일 춘천중학교 비밀결사 상록회(常祿會) 사건, 1939년 3월 181명을 기소한 수양동우회 사건 등 합법적 민족주의단체와 1939년 6월 등대사(燈臺社) 사건 등 종교단체에 대해서도 치안유지법을 적용하는 사례가 증가했다.

비밀결사 상록회 사건의 내용은 다음과 같다. 1938년 10월 28일과 1938년 11월 10일 춘천경찰서는 춘천고등보통학교 졸업생 남궁태, 문세현, 백홍기 등 30여 명이 조선의 독립을 목적으로 하는 비밀결사 상록회와 독서회를 조직하여 동지 획득과 확대를 기도하고 있다는 정보를 입수하고, 1938년 11월 17일부터 피의자 용환각, 남궁태 등을 검거, 신문하여 1939년 5월 13일 남궁태, 이찬우, 문세현, 백홍기 등 12명은 기소, 피의자 성수경, 박규원 등 24명은 기소유예, 2명은 불기소 처분한다는 '의견서'를 경성지방법원 춘천지청 검사분국 검사 스기모토 간이치(杉本寬一)에게 송치했다. 경성지방법원 춘천지청 검사분국은 '의견서'대로 남궁태 등 12명 전원을 기소하여 1939년 5월 30일 경성지방법원 공판에 회부하였다. 1939년 12월 19일 경성지방법원 재판장 가마야 에이스케(釜屋英介) 판사는 상록회 사건에 대한 1회 공판을 개정하였고 12월 20일 2회 공판에서 스기모토 검사는 남궁태에게 징역 3년 등 피고 12명에 대해 구형을 하였다. 1939년 12월 27일 경성지방법원 형사 제2부 재판장 판사 가마야는 치안유지법 제1조 제1항을 적용하여 남궁태, 이찬우, 문세현, 용환각, 백홍기 등 10명에게 각각 징역 2년 6월을, 전홍기, 차주환에게 각각 징역 1년 6월을 선고하였다.

당시 판결문에 따르면 춘천고등보통학교 졸업생 남궁태는 민족주의자 남궁억에게 감화받아 민족주의 사상을 품게 되어 조선의 독립을 실현할 것을 희망하고 있었다. 또 춘천고등보통학교를 졸업하고 만주로 건너가 만주국 옌지현(延吉縣) 소재 공립초등학교 교사를 했던 이찬우는 민족주의적 문헌을 탐독하여 조선 독립을 희망하고 있었다. 이들이 조선 독립을 실현할 목적으로 '상록회'라는 결사를 조직하고 조선독립운동의 투사 양성을 위해 독서회를 조직할 것 등을 협의하고 민족주의 사상을 고취하여 결사의 목적 수행을 한 행위를 하였다는 것이었다. 민족주의적 독서모임인 '상록회'를 만든 것을 치안유지법 제1조 제1항, 즉 "국체를 변혁함을 목적하고 결사를 조직한 자나 결사의 역원(幹部) 기타 지도자의 임무에 종사한 자"에 해당한다고 판시하여 징역 2년 6월을 선고하였던 것이다. 그런데 흥미로운 사실은 이 '비밀결사 싱록회 사건'의 판사 중에 민복기(閔復基)가 참여했다는 사실이다. 민복기는 일제하 친일 경력으로 민족문제연구소에서 발간한 『친일인명사전』에 등재되었다. 민복기는 이승만 정권 때 법무부 차관을 지냈고 박정희 유신체제 때 대법원장을 지내면서 법원을 독재권력의 시녀로 만든 사법관료의 수장이었으며, 1975년 4월 '민청학련 인혁당재건위 사건'의 상고를 기각하여 도예종 등 8명을 사법살인한 것에도 책임을 져야 하는 위치에 있었다.

1938년 3월 29일 연희전문학교 교수인 이순탁, 백남운, 노동규 등이 '연희전문학교 적화사건'으로 서대문경찰서에 검거되었다. 일제 경찰은 이들의 교내 강의를 문제 삼아 1938년 12월 15일 치안유지법 위반 등의

백남운, 이순탁, 노동규 교수의 치안유지법 위반 사건 기사

출처: 『동아일보』, 1938.12.17.

혐의로 경성지방법원 검사국에 송치하였다. 1940년 12월 19일 경성지방법원 재판장 가마야 에이스케 판사는 이들을 치안유지법 제3조와 제1조 제2항을 위반한 혐의로 징역 2년씩을 선고하였다.

가마야 판사는 이순탁, 백남운, 노동규 교수가 1934년 4월부터 1938년 3월까지 연희전문학교 상과 2, 3학년생들에게 농업경제, 은행론, 상업정책, 화폐론 등을 강의할 때 "조선에서의 사유재산제도를 부인하며 공산주의 사회건설을 목적으로 마르크스주의 경제이론에 입각하여 현재의 자본주의 경제기구에 대한 분석, 비판을 하고 그 모순과 결함을 폭로하면서 마르크스주의 사회를 찬미하고 머지않은 장래에 역사적, 필연적으로 공산주의 사회로 바뀌게 될 것"이라는 취지로 설명하였다고 하였다. 또 이들은 학생들이 취직하게 되면 '마르크스주의 이론에 입각하여 마르크스주의 사회의 실현을 조성하기 위해 활동하라'는 뜻을 암암리에 종용함으로써 위의 목적인 사항의 실행에 관해 선동하였다고 하였다.

7) 조선사상범보호관찰령, 조선임시보안령의 제정

1930년대 중반 이후부터 급증한 사상사건은 마침내 1936년 12월 12일 '조선사상범보호관찰령'의 제정을 가져왔다. 1936년 11월 14일『조선일보』는 "사설: 사상범보호관찰법에 대하여 – 인권, 직업, 명예를 존중하라"에서 일본에서 제정되어 시행된 사상범보호관찰법의 조선 시행에 앞서 몇 가지 주의를 환기해야 할 점을 지적하였다. 먼저 "사상범보호관찰법은 일단 치안유지법의 죄를 범하여 기소유예, 형의 집행유예 또는 체형을 언도받고 형을 종료하였거나 가출옥 허가를 받은 자로 여전히 위험 사상을 품고 있는 비전향자 또는 준전향자, 그 외에 전향하였지만 환경에 지배되어 재범의 위험성이 있는 전향자에 대하여 각기 처지에 따라 보호, 관찰과 사상의 선도를 꾀한다는 것"이라고 설명하였다. 이어 "사상범을 보호관찰 하기 위하여는 경성, 평양, 대구에 보호관찰소를, 신의주, 청진, 광주, 함흥에는 지소를 설치하고 이에 사상보도관과 사상보호사를 두어 보호관찰을 받게 된 자로 보호자가 있는 자는 보호자에게 인도하고 없는 자 또는 있어도 부적당하다고 인정할 경우에는 일정한 장소에 수용하여 거주, 교우, 통신의 제한과 기타 적당한 조항의 준수를 명하는 동시에 사상 추이에 유의하고 훈육지도에 노력케 하는 것"이라고 사상범보호관찰법과 그 시행 내용에 대해 설명하였다.

즉 조선사상범보호관찰령에 따르면 보호관찰 대상자는 치안유지법을 위반한 사상범으로 만기 출옥, 가출옥한 경우 또는 집행유예나 기소유예 처분을 받은 뒤 보호관찰심사회를 통해 보호관찰 결정을 받은 자로 규정되었다(제1조). 또 보호관찰의 방법은 보호관찰소에 수용해 보호사의 관찰에 맡기거나 보호자에게 인도 또는 보호단체, 사원, 교회, 병원, 기타 적당한 자에게 위탁할 수 있게 하였다(제3조). 보호관찰 기간은 2년이며 보호관찰심사회의 결의에 따라 이를 갱신할 수 있게 하였다(제5조). 이에 따라 사상범에 대한 보호관찰을 실시할 기관으로 경성, 함흥, 청진, 평양, 신의주, 대구, 광주 등 전국 7개 지역에 보호관찰소가 설치되었고 여기에 소장으로 보도관(輔導官), 보호사(保護司), 통역생(通譯生), 촉탁보호사가 배치되었다.

조선총독부 법무국장 마스나가 쇼이치는 비전향자 또는 전향자 중에서도 그대로 방치하면 재범의 우려가 있으므로 치안유지법 위반자 중

집행유예 또는 기소유예 처분을 받은 자 가운데 보호관찰심사회의 심사 결과 보호관찰 대상으로 결의된 자로 한정하였다. 그는 '사상범보호관찰'의 방법은 첫째, 보호관찰소 보호사의 관찰, 둘째, 보호사에게 인도, 셋째, 보호단체·사원·교회·병원 등에 위탁하는 세 가지 방법이 있다고 하였다.

이와 같이 조선사상범보호관찰령은 일제에 저항하는 조선의 민족주의·사회주의를 망라한 모든 독립운동가를 탄압하기 위해 제정한 치안유지법을 위반하여 수감된 자들에게 다시 전향을 강요하였다. 또 이들이 형기를 채우고 출소하여도 다시 이들의 모든 활동과 사상을 탄압·감시하였다. 심지어 '사상범'들은 거주와 교우 또는 통신을 제한당했고, 보호관찰기간은 2년으로 규정되었으나 보호관찰심사회의 결의에 따라 이를 갱신할 수 있었다. 또한 일제는 '사상범의 선도'를 명분으로 보호관찰대상자들에게 국방 헌금을 강요하였고 조선신궁을 참배하거나 출정 군인 환송식에 참여하게 하는 등 전향 작업을 수행하였다.

일제는 조선사상범보호관찰령에 더해 조선 민중에 대한 '사상통제'를 더욱 강화하기 위해 1941년 1월 사상보국연맹을 대화숙(大和塾)으로 개편하고 황민화 교육을 실시하였다. 대화숙은 사상보국연맹 신의주 지부가 경영하는 학원의 이름이었다. 사상보국연맹이 대화숙으로 개편되면서 주택, 교실, 직업소개소를 갖춘 방식이 도입되었고 이것이 사상범 통제의 새로운 방식으로 확산되었던 것이다. 또 일제는 1941년 2월 조선사상범예방구금령을 공포하고 3월에 시행하였다. 이 법령은 치안유지법으로 투옥된 '사상범'이 "석방되어 다시 같은 법의 죄를 범할 우려가 현저할 때 재판소는 검사의 청구에 의해 예방구금에 처할 수 있다"(제1조)라는 내용을 담고 있었다. 또 제1조 제2항에서는 "조선사상범보호관찰령에 의하여 보호관찰 중이라 하여도 같은 법의 죄를 범할 위험을 방지하기 곤란하고 재범의 우려가 현저하게 있는 때"에도 예방구금을 시행할 수 있도록 하였다.

1941년 12월 일제는 미국 하와이의 진주만 등에 공격을 가하는 등 태평양전쟁을 일으켰다. 그리고 1941년 12월 26일 조선총독부는 조선임시보안령을 제정, 시행하였다. 조선임시보안령의 입법 취지는 조선에서의 언론, 출판, 집회, 결사 등이 전쟁 완수의 목적을 방해하는 것을 막기 위함이었다. 즉 조선의 치안 보전에 만전을 기하고 거국체제의 강화를 꾀하는 것이었다. 특히 이 법령에서는 제20조에 "시국에 관한 유언비어를 한 자는 2년 이하의 징역, 금고 또는 2,000원 이하의 벌금에 처한다"라고 규정하여 조선 민중의 항일적 언사 전부를 처벌의 대상으로 하였다.

1942년 2월 24일 광주지방법원에서 전남 보성에 사는 박현용은 조선임시보안령 제20조, 제21조 위반 혐의로 재판을 받아 금고 3월을 선고받았다. 그는 전남 보성군 복내면 식량사무소 촉탁으로 근무하던 중 술을 마시다가 보성군 복내면은 작년 큰 가뭄으로 식량이 부족하여 많은 사람이 면사무소에 모여 식량의 배급을 애원하여도 배급할 식량이 없어 면장 이하 전 직원이 고심할 뿐 아니라 아사 상태로 절박한 상태에 처했다는 이야기를 했다고 '시국에 관해 조언비어(유언비어)(제20조)를 한 것으로 되었다. 또 보성군 복내면 시장에서 식량이 없는 자들이 기르던 돼지를 도살하여 포식 후 중독증을 일으켜 빈사 상태에 있다는 이야기를 하였다는 것이 '시국에 관해 인심을 혹란(惑亂)할 만한 사항을 유포'(제21조)한 것으로 보고 조선임시보안령 위반 혐의로 처벌되었다.

4
치안유지법의 전면 개정과 적용 사건

1) '신치안유지법'의 실시

    1941년 2월 12일 제76회 일본 제국의회 중의원의 치안유지법개정법률안위원회에서 정부 측 위원인 사법차관 미야케 쇼타로(三宅正太郞)는 3장 65조로 전면 개정된 '신치안유지법' 개정안 제출 이유를 설명하였다. 신치안유지법은 제1장 죄(罪), 제2장 형사수속(절차), 제3장 예방구금의 3장으로 구성되었으며 제1장은 현행법의 전반에 걸쳐 개정을 가하고 이를 정비, 강화하였고, 제2장과 제3장은 새롭게 규정을 신설하였음을 설명하였다. 1941년 3월 10일 일본에서 신치안유지법이 공포되어 치안 당국이 염원하던 예방구금이 실현되었다. 조선에서는 일본보다 한 달 빠른 1941년 2월 12일 조선사상범예방구금령이 제령 제8호로 공포되었으나 1941년 5월 15일에 시행된 신치안유지법의 '예방구금' 조항으로 흡수되면서 조선사상범예방구금령은 폐지되었다.

일본 사법성은 중일전쟁이 발발하기 이전인 1937년 6월부터 '사상 실무가 회동'을 통해 사상운동 정세에 따른 재판 및 검찰에서 고려해야 할 사항들을 자문받으며 점검해 오고 있었다. 이 회의에는 공소원 판사, 부장판사, 예심판사, 공소원 및 지방재판소의 사상계 검사 등이 참가하였다. 1940년 5월 '사상 실무가 회동'에서 의장인 사법성 형사국장 아키야마(秋山)는 치안유지법 개정의 첫 번째 이유로 치안유지법이 성립 당시에는 공산주의 또는 무정부주의의 진압을 목적으로 입법되었지만 현재 정세가 변하여 오모토쿄(大本敎), 덴리혼미치(天理本道) 등 불령 종교사상에 대해서도 적용되고 있음을 지적하는 등 치안유지법 대상의 확장을 언급하였다. 두 번째 이유로 치안유지법 위반 사건에 대해 강제수사권을 검사에게만 허용할 것인지, 사법경찰관에게도 독립하여 허용할 것인지 등의 강제수사권의 범위와 정도, 특별한 수사 절차에 대한 문제를 들었다. 세 번째 이유로 유력한 공산당원이 비전향으로 상당수 만기 출소를 할 뿐 아니라 향후 계속하여 다수의 사상범이 출소할 예정인데 그중에는 전향이 의심되는 자도 상당수 포함되어 있으므로 예방구금제도의 필요에 대해서도 의견이 필요하다는 것이었다. 이러한 배경과 과정 속에서 전면적으로 개정된 신치안유지법은 1941년 3월 10일 법률 제54호로 공포되어 1941년 5월 15일 일본뿐 아니라 조선에서도 동시에 시행되었다.

신치안유지법은 3장 65조로 구성되었는데 제1장 죄에서는 국체 변혁 행위에 대한 형벌을 강화하였고 국체 변혁을 목적으로 하는 범죄와 사유재산 부인을 목적으로 하는 범죄를 명확히 구분하여 금고형을 없애고 사형 이외는 모두 징역형으로 하는 등 형벌을 강화하였다. 예컨대 지금까지 5년 이상이었던 '결사조직죄'를 7년 이상으로, 2년 이상이었던 '목적수행죄'를 3년 이상으로 엄격하게 처벌하는 것으로 하였다. 제2조에서 국체 변혁 결사를 '지원하는 것을 목적'으로 하는 '결사조직죄'와 제3조에서 국체 변혁 결사의 '조직을 준비하는 것을 목적'으로 하는 '결사조직죄'라는 규정이 새롭게 만들어져 치안유지법의 적용 범위를 더욱 확대, 강화하였다.

제5조는 목적 사항의 실행에 관하여 '협의 또는 선동'한 행위에 대해서도 1년 이상 10년 이하의 징역에 처할 수 있었는데 식민지 통치에 대한 불만과 불평을 지인들에게 토로하거나 편지로 전한 개인적 행위까지도 처벌할 수 있게 하였다. 예컨대, 1942년 5월 7일 광주지방법원은 목포공립상업학교 5학년에 재학 중이던 김용규가 "조선 학생은 이제 다소 각성하여 열심히 공부하여 상급학교에 진학하여 지식을 넓혀 장래 조선 독립을 위해 일하지 않으면 안 된다"라고 이야기한 것에 신치안유지법 제5조를 적용하여 징역 1년 6월(집행유예 5년)을 선고하였다.

또 제7조에는 "국체를 부정하거나 신궁(神宮) 또는 황실의 존엄을 모독할 수 있는 사항을 유포하는 것을 목적으로 결사를 조직한 자"에 대해서도 무기 또는 4년 이상의 징역에 처할 수 있게 하였다. 제8조는 '제7조의 목적으로 집단을 결성하거나 지도한 자'는 무기 또는 3년 이상의 징역에 처하고 '제7조의 목적으로 집단에 참가하거나 집단에 관하여 제7조의 목적 수행 행위를 한 자'에 대해서는 1년 이상의 유기징역에 처하였다.

이에 따라 지금까지 신흥종교, 유사종교 등이 불경죄 등으로 고등경찰의 탄압 대상이 되었는데 이들 종교단체의 활동마저 치안유지법 위반 대상으로 확대, 적용되었다. 예를 들어, 1943년 8월 14일 경성지방법원은 국체를 부정하고 황실의 존엄을 모독하는 사항을 유포할 목적으로 하는 유사종교 무극대도(無極大道)에 입교, 활동하였다며 교주 김찬호 등 10명을 치안유지법 위반 혐의로 공판에 회부하였는데, 이들에게 적용된 조항이 치안유지법 제8조 후단과 제7조에 해당하였다.

제2장 형사수속에서는 먼저 검사의 권한을 확대하고 여러 가지 단속 강화 규정을 신설하였다. 제18조, 제21조 등에서 검사는 피의자를 구류하거나 그 구류를 사법경찰관에게 명령할 수 있는 등 강제 처분 권한을 부여받았다. 또 주목할 것은 제29조의 치안유지법 사건에서는 "변호인은 사법대신이 미리 지정한 변호사 중에서 선임하여야 한다"라는 규정과 제33조의 1심의 판결에 대해서 공소(控訴, 항소)를 할 수 없다는 조항과 1심의 판결에 대해서 직접 상고를 할 수 있다는 규정이었다. 일반적인 형사사건이 3심제인데 치안유지법 위반 사건에 대해서는 2심제를 적용한 것이었다. 이러한 전시체제기 신치안유지법의 형사 절차에 대해 일본의 법학자인 삿포로가쿠인(札幌学院) 대학의 스즈키 게이후(鈴木敬夫) 교수는 '형사소송법의 탄핵주의로부터 규문주의(糾問主義)로의 후퇴'라고 하면서 '군사 파쇼적 규정'이라고 평가하였다.

제3장 예방구금에서는 검사가 자의적으로 비전향자에 대한 신체적 구속을 판단하는 예방구금제도가 신설되었다. 일본에서는 이 제도가 신치안유지법의 제정과 더불어 시행되었지만, 식민지 조선에서는 신치안유지법이 시행되기 전인 1941년 2월 12일 공포되어 3월 10일 시행된 조선사상범예방구금령이 1941년 5월 14일 폐지되고 그대로 신치안유지법의 제3장으로 대체되었다. 예방구금제도란 것은 그야말로 일본이 조선 민중의 고유한 영혼을 빼앗고 일본 정신을 주입하고 '황국신민화'하여 우리 민족의 존엄성을 말살시키고 완전히 일본인화 하려는 계획이었다.

신치안유지법과 더불어 1941년 3월 6일 '국방보안법'이 제정되어 1941년

5월 10일 일본, 조선, 대만 등에서 시행되었다. 이 법은 치안유지법을 비롯한 기존 치안 관계 법령으로 처벌이 어려운 국가 기밀 누설 혹은 발포에 관한 범죄를 처벌할 목적으로 제정되었다. 1941년 5월 2일 고등법원 검사장 마스나가 쇼이치는 검사국 감독관에 대한 훈시에서 공산주의운동이 통일적·조직적 형태에서 분산적·개별적 형태로 이행되고 있고 복잡화가 증대되는 신정세에 대응하여 '국방보안법'을 제정하여 외교, 재정, 경제에 관한 중요 기밀을 보호해야 한다고 발언하였다. 또 그는 신치안유지법 시행에 즈음하여 최근 조선에서 '민족의식 대두의 경향'이 현저해졌다고 하면서 특히 학생, 교원 사이에 불상사건이 빈발하고 불온 삐라, 낙서가 격증하는 등 불경사범이 증가하고 있어 사상범이 암약할 수 있는 온상이 충분히 조성되어 있다고 생각하기 때문에, 이대로 방치하면 당연히 민족주의운동, 공산주의운동이 치열해질 것이 예상되어 진정으로 우려되는 상황이니 전 조선적(全朝鮮的)으로 일제 검거를 감행해야 한다고 발언하였다. 그는 국방보안법과 신치안유지법의 공포로 사상범죄에 대한 단속 법규가 현저히 강화, 정비되어 완벽한 단속을 기할 수 있게 되었다고 하였다. 또 신치안유지법에서 검사에게 광범위하고 강력한 '강제수사권을 부여'함으로써 '명실공히 검사를 중심으로 하는 일원적 수사체제를 수립한 점'은 실로 획기적인 입법이라고 높이 평가하였다.

　일제 당국은 신치안유지법의 제정과 시행을 통해 식민지 조선에 사상사법체제를 성립시켰다. 그것은 사상검사에 의한 사상사건의 기소와 재판, 행형(行刑), 보호관찰과 예비구금에 이르는 인간의 사상과 정신을 억압과 통제의 대상으로 '전향'시켜 '충량(忠良)'한 신민(臣民)으로 만드는 폭력적이고 억압적인 통제장치였다.

2) '신치안유지법' 적용 사건 사례

전시체제 시기 치안유지법 위반 건수와 위반자 수는 1940년 43건에 286명, 1941년 143건에 1,414명, 1942년 172건에 1,528명, 1943년 244건에 2,050명으로 격증하였다. 숫자는 늘어났지만 실제로는 경미한 사안이 절반 이상을 차지하였고 일제 당국은 경찰의 검거와 검찰 송치만으로 충분히 치안 강화가 효과를 발휘할 수 있다고 판단하였다. 치안유지법 위반죄 유형별 인원 통계를 정리한 〈표 4〉를 보면 '국체 변혁' 관련 유형이 '사유재산제도' 부인 관련 유형보다 3배 가까이 되는 것은 민족주의 관련 사건이 사회주의·공산주의 관련보다 많다는 것을 의미한다고 할 수 있다.

〈표 4〉 치안유지법 위반죄 유형별 인원

(단위: 명)

유형 기간	국체 변혁		사유재산제도 부인		국체 부인 또는 신궁, 황실 존엄모독	합계
	결사	협의, 선동 등	결사	협의, 선동 등		
1940년 하반기	143	61	88	15	-	307
1941년 상반기	916	543	538	274	-	2,271
1941년 하반기	247	311	58	73	-	689
1942년 상반기	272	192	39	29	-	532
1942년 하반기	42	133	8	29	127	339
1943년 상반기	26	51	24	21	6	128
계	1,646	1,291	755	441	133	4,266

출처: 고등법원검사국 사상부, 1943.10, 『사상휘보』 속간.

1941년 8월 30일 부산지방법원은 1940년 8월 조선총독부에 의한 『동아일보』, 『조선일보』 폐간에 대해 "조선인에게 최고 유일의 문과 계몽지도 기관인 두 신문의 폐간은 완전히 무모한 조선총독부의 탄압정책에 의한 것"이라고 비판하는 어느 학생의 편지가 경찰의 사찰 속에서 압수된 사건에 신치안유지법 제5조(협의·선동)를 적용하여 피고들에게 징역 1년 6월에서 1년을 부과하였다. 이처럼 치안유지법은 개인 차원의 민족의식조차 처단하였다. 또 국어(일본어) 상용, 창씨제도, 지원병제도 등을 비판, 부정하는 언동 등에 대해서도 치안유지법을 적용하여 처벌하였다. 1941년 4월 고등법원 검사장 마스나가 쇼이치는 순진무구한 국민학교 아동 또는 중등학교 생도 사이에 불온 언동을 하는 자가 있는 점이 매우 우려스럽다며 학교 방면의 청소년의 행동에 대해 항상 사찰 내탐을 게을리하지 말 것을 훈시하였다. 다음의 사례들은 이러한 내용을 적나라하게 보여 준다.

1942년 5월 13일 전주지방법원은 문대식 등에게 신치안유지법 제5조를 적용하여 징역 1년 6월을 선고하였다. 문대식 등이 전북 금산군 남이면 소재 진락산 암벽에 대한제국의 국기를 그리고 동굴 앞에 조선독립만세라고 표시된 팻말을 세워 두자고 한 것이 조선의 독립국 시대를 연상시켜 이후 조선이 독립할 것을 희망하게 하였다고 하여, 이를 신치안유지법 제5조의 '목적 사항의 실행에 관한 선동 또는 협의죄'에 해당한다고 한 것이다.

1943년 4월 21일 평양지방법원은 임윤걸에게 신치안유지법 제5조(협의, 선동)를 적용하여 징역 4년을 선고하였다. 1941년 9월 임윤걸이 조선유행가 〈오동잎의 맹세〉를 연주하였는데, "아아, 지나간 열아홉의 꿈, 나도 맹세하네 오동잎의 맹세"라는 가사를 '오동잎이 푸른 것처럼 우리는 조선

독립을 위해 맹세를 새롭게 하네'라고 해석하여 이를 조선 독립의 필연성을 역설했다는 것으로 보고 치안유지법의 선동죄로 단정한 것이다. 마치 박정희 시대 때의 '막걸리 보안법'이 연상되는 대목이다.

이종세는 1943년 5월 19일 광주지방법원에서 치안유지법 위반으로 징역 2년 6월의 형을 선고받았다. 경성부 동숭정에 있는 경성고등학교 전기공학과에 재학 중이던 이종세가 같은 학교 학생에게 "조선 독립을 위해서는 지도이론이 필요하고 그 지도이론의 기초 없이는 형식적 이론이므로 그 근본원리를 위해 연구가 필요하다"라고 말한 것과 일제의 창씨제도를 비판한 것을 신치안유지법 제5조(협의, 선동)에 해당한다고 한 것이다.

1944년 11월 11일 전주지방법원에서 치안유지법 위반 등 혐의로 징역 1년(집행유예 4년)을 선고받은 황염규는 경성 영창학교 중등과 1년을 수료하고 일본 도쿄로 건너가 1942년 3월 도쿄의 사립 성서학원 중학교를 졸업하고 그해 7월 전라북도 김제군 사립 치문학교 교원으로 근무했다. 황염규는 1943년 10월 무렵 치문학교 5학년 교실에서 수업 중 학생들에게 '조선인 농민을 일본에 노동자로 보내고 있으나 여러분은 불쌍한 노동자가 되지 말고 훌륭한 조선인이 되라'라고 말하여 '민족의식'을 주입했다는 이유로 치안유지법 제5조(협의, 선동) 등의 혐의로 체포되어 징역 1년, 집행유예 4년을 선고받았다.

등대사 사건은 문태순 등이 1929년 11월 국체를 변혁할 것을 목적으로 하는 종교단체인 등대사의 일본 지부에 가입한 이래 전 조선에 걸쳐 그 목적 수행을 위해 여러 가지 활약을 했다는 사건이다. 경성지방법원 검사국은 1940년 6~7월 예심을 청구하여 문태순, 강재섭, 신완 등 33명을 기소하였다. 경성지방법원이 1943년 7월 14일 판결을 언도하여 4명은 항소, 22명은 형이 확정되었고, 경성복심법원은 1943년 3월 8일 항소를 취하하여 4명의 형을 확정하였다. 등대사 사건은 천황제 거부와 징병 거부를 주장했던 종교단체에 대해서 신치안유지법 제7조, 즉 '국체를 부정하거나 신궁(神宮) 또는 황실의 존엄을 모독'할 수 있는 사항을 적용하였고, 제1조 '국체' 변혁을 적용한 것이다. 즉 종교단체에 '국체 변혁'을 적용하여 처벌한 것이다.

맺음말

일제는 통감부 시기인 1907년 보안법을 제정하여 언론, 출판, 집회, 결사의 자유를 금지하고 한국인의 모든 정치적 활동을 억압하였다. 보안법 제7조는 "정치에 관하여 불온한 언론, 동작 또는 타인을 선동 교사 또는 사용하거나 타인의 행위에 간섭함으로써 치안을 방해하는 자는 50 이상의 태형, 10개월 이하의 금옥 또는 2년 이하의 징역에 처한다"라고 규정되었다. 1919년 3·1운동이 일어나자 일제는 그해 4월 15일 조선총독부 제령 제7호로 '정치에 관한 범죄처벌의 건'을 제정하였다. 제령 제7호 제1조는 "정치의 변혁을 목적으로서 다수 공동하여 안녕질서를 방해하거나 또는 방해하려는 자는 10년 이하의 징역 또는 금고에 처한다"라고 규정되었다. 보안법이 제2조에서 '다중의 운동'을 규제하는 것과 비교하면 제령 제7호는 '다수 공동', 즉 '집단적인 독립운동의 기도'에 대해 처벌하는 동시에 '예비 음모'까지도 처벌 가능한 조항을 두었고 형벌도 보안법보다 훨씬 높았다.

결국 보안법과 제령 제7호는 1925년 5월 12일 일본과 조선에 동시에 시행되는 치안유지법의 직접적인 원형이 되었다. 치안유지법은 일제강점기 전 시기에 걸쳐 민족주의운동·사회주의운동을 억압한 가장 중요한 통제 법령이었다. 치안유지법 제1조는 "국체를 변혁하거나 사유재산제도를 부인하는 것을 목적으로 결사를 조직하거나 이에 가입한 자는 10년 이하의 징역 또는 금고에 처한다"라고 규정되었다. 따라서 '조선의 독립'은 보안법으로 보면 '정치에 관한 불온한 언론, 행동'이고 제령 제7호로는 '정치 변혁'이고 치안유지법으로는 '국체 변혁'에 해당하였다. 즉 조선의 독립을 목적으로 결사를 조직하고 가입하는 것은 국체를 변혁하는 것을 목적으로 결사를 조직하고 가입하는 것에 해당하므로 치안유지법 위반에 해당하였다. 또한 조선 독립을 목적으로 한 실행 협의 및 실행 선동은 치안 방해 예비 또는 음모라 할 수 있는데 종전에는 이를 제령 제7호 위반으로 처벌하였으나 치안유지법에 적당한 규정이 마련되었으므로 이제는 제령을 적용하지 않는 것으로 해석하였다.

1928년 '3·15사건', 즉 일본공산당에 대한 대대적인 검거사건은 치안유지법의 강화를 가져왔다. 1928년 '개정 치안유지법'의 핵심은 '국체 변혁'과 '사유재산제 부인'을 구별하여 '국체 변혁'=독립운동, '사유재산제 부인'='사회주의, 공산주의'라는 정형화를 가져왔고, 또 '목적수행죄'를 두어 공산당 구성원 이외의 자도 '목적수행죄'로 처벌할 수 있게 하였다. 이러한 상황에서 1927~1928년 무렵 일본과 식민지 조선에서 거의 동시에 '사상사건'을 전담하는 사상검사가 탄생하였다. 조선에서는 경성복심법원 판사 이토 노리오와 그 뒤를 이어 모리우라 후지오가 '사상계 전임검사'로 임명되었다.

한편 사상사건이 급증하자 일본에서는 치안유지법의 전면 개정을 준비하였으나 국내 우익단체 등의 반대로 실행되지 못했다.

중일전쟁 후 치안유지법의 적용 건수와 인원이 감소하였고, 민족주의운동, 사회주의운동이 쇠퇴하였지만 독립운동에 대한 적용은 상대적으로 증가하였다. 특히 기독교뿐 아니라 종교단체 관련자의 검거, 처벌이 증가하였다.

1941년 3월 10일 조선사상범예방구금령이 시행되어 보안 처분으로 비전향자의 신체의 자유를 구속하는 등 일상의 제한을 받게 하였다. 그리고 같은 날 일본에서는 신치안유지법이 공포되었다. 조선사상범예방구금령은 그해 5월 신치안유지법이 시행되면서 신치안유지법의 제3장 '예방구금'으로 대체되며 폐지되었다. 예방구금제도는 전시체제 시기에 '사상범'을 일본 정신을 가진 '신민(臣民)'으로 만들려는 목적으로 비전향자를 사회에서 완전히 격리시키고자 하는 제도였다.

일제는 1941년 12월 26일 '조선에서의 전시범죄 처벌의 특례에 관한 건', 1944년 2월 15일 '조선전시형사특별령', '조선총독부재판소령전시특례' 등을 제정, 시행하였는데 이들 세 가지 법령은 '전시(戰時)'라는 특수 상황을 전제하여 법이라는 이름으로 인간의 권리를 최소화하고 제한하였다. 이에 따라 우선 단독심을 확대하여 사형, 무기징역, 금고에 한해서만 합의부 판결을 하도록 하였고 모든 사건을 2심제로 처리하였다.

일제강점기에 근대 형사법체계가 식민지 조선에 도입되었지만 그것은 식민통치체제의 유지를 위한 폭력적 장치이자 제도였다. 특히 치안유지법을 포함하여 위에 언급된 '전시특례' 세 가지 법령은 독일의 법철학자이자 형법학자인 구스타프 라드부르흐(Gustav Radbruch)의 표현을 빌리면 '법률의 형식을 띤 불법'이었다.

참고문헌

- 김항기, 『대한제국기 형사재판과 의병판결』, 선인, 2019.
- 도면회, 『한국근대형사재판제도사』, 푸른역사, 2014.
- _____, 『근대 사법제도와 일제강점기 형사재판』, 행정안전부 국가기록원, 2017.
- 리차드 H. 미첼, 『일제의 사상통제-사상전향과 그 법체계-』, 일지사, 1982.
- 문준영, 「대한제국기 형법대전의 제정과 개정」, 『법사학연구』 제20호, 1999.
- _____, 「제국일본의 식민지 형사사법제도의 형성」, 『법사학연구』 제23호, 2001.
- _____, 『법원과 검찰의 탄생』, 역사비평사, 2010.
- 법원행정처, 『법원사』, 1995.
- 스즈키 게이후(鈴木敬夫), 『법을 통한 조선식민지 지배에 관한 연구』, 고려대학교 민족문화연구소, 1989.
- 안유림, 「일제 치안유지법체제하 조선의 예심제도」, 『이화사학연구』 제38집, 2009.
- 오기노 후지오(荻野富士夫) 지음, 윤소영 옮김, 『일제강점기 치안유지법 운용의 역사』, 역사공간, 2022.
- 이경남, 『설산 장덕수』, 동아일보사, 1981.
- 임경석, 『한국사회주의의 기원』, 역사비평사, 2003.
- _____, 「일본인의 조선 연구: 사상검사 이토 노리오(伊藤憲郎)의 사회주의 연구를 중심으로」, 『한국사학사학보』 29, 2014.
- 장신, 「1930·40년대 조선총독부의 사상전향정책 연구」, 성균관대학교 박사학위논문, 2019.
- 전명혁, 『1920년대 한국사회주의운동연구』, 선인, 2006.
- _____, 「6·10만세운동 시기 조선공산당과 고려공산동맹의 활동」, 『역사학연구』 제58호, 2015.
- _____, 「1920년대 '사상사건'의 치안유지법 적용 및 형사재판과정」, 『역사연구』 37호, 2019.

- _____,『형사판결문으로 본 3·1운동 시기 일상과 사회』, 선인, 2020.
- _____,『형사판결문으로 본 치안유지법 사건과 1920년대 사회주의운동』, 선인, 2020.
- _____,「일제강점기 치안유지법 사건판례를 통해 본 사상통제의 역사」,『동북아역사논총』76호, 2022.
- 전명혁·조형열·김영진,『일제강점기 국내 민족주의·사회주의운동 탄압사』, 동북아역사재단, 2022.

- 荻野富士夫,「思想檢事」, 岩波新書, 2000.
- 水野直樹,「治安維持法の制定と植民地朝鮮」,『人文學報』第83号, 2000.
- _____,「植民地朝鮮の思想檢事」, 松田利彦 編,『日本の朝鮮·臺灣支配と植民地官僚』, 國際日本文化研究センタ, 2007.
- 中澤俊輔,『治安維持法-なぜ政黨政治は'惡法'を生んだか』, 中央公論新社, 2012.

찾아보기

ㄱ

가타야마 센 24
간도공산당 사건 47, 48, 49, 50, 53
강달영 39, 41, 42
검사 16, 18
고등법원 16
고려공산당 32
고려공산당창립준비위 사건 30, 32, 33
고려공산청년회 38, 39, 40, 41, 58
곤도 에이조 24
과격사회운동취체법안 24
구류권(拘留權) 18
구스타프 라드부르흐 80
국방보안법 72, 73
국체 변혁 19, 33, 46, 47, 52, 57, 58, 59, 70, 71, 74, 77, 79
권오상 40, 41, 44
권오설 26, 27, 39, 40, 41, 42
극동민족대회 39
기소 18, 28, 46, 56, 60, 73
기유각서 5, 16
김사민 12
김약수 39, 42
김용규 71
김재봉 38, 39, 41, 42
김지종 47

김찬호 71
꼬르뷰로 32, 39, 40

ㄴ

나카무라 다케조 34, 35
남궁태 62, 63
노동규 63, 65

ㄷ

다나카 다케오 26
대심원 16
대화숙 67
덴리혼미치(天理本道) 70
도라회 사건 62
독고전 39, 42
독립운동 12, 18, 19, 26, 28, 33, 38, 53, 56, 57, 59, 61, 63, 78, 79
등대사 사건 62, 76, 77

ㅁ

마르크스주의 65
마쓰데라 다케오 35, 36
모리우라 후지오 54, 79
무극대도(無極大道) 71
문대식 75

문태순 76
미군정기 18
민복기 63
민족주의운동 5, 28, 33, 55, 59, 73, 78, 79

• ㅂ •

박길양 40, 45
박순병 40
박헌영 38, 39
백광흠 40
백남운 63, 65
범죄즉결령 14, 15
병천 헌병주재소 20
보안법 5, 11, 12, 19, 21, 22, 26, 27, 33, 35, 78
복심법원 16

• ㅅ •

사사키 히데오 33, 56
사상검사 54, 56, 73, 79
사상단체 38
사상범보호관찰법 65, 66
사상보국연맹 67
사상사건 28, 47, 54, 55, 56, 65, 73, 79
『사상월보(思想月報)』 55
『사상휘보(思想彙報)』 55

사이토 마코토 26
사토미 간지 32, 33
사회운동 26, 27, 33, 56
사회주의운동 5, 24, 28, 30, 31, 33, 34, 38, 53, 55, 59, 78, 79
상록회 사건 62, 63
손병희 39
송진우 28
수양동우회 사건 62
스기모토 간이치 62
스즈키 게이후 72
신만청년회 38
신문지법 11, 19
신치안유지법 6, 69, 70, 71, 72, 73, 75, 76, 77, 80
신흥종교 71

• ㅇ •

안기성 47, 49, 53
여운형 12
연희전문학교 적화사건 63
예방구금 56, 67, 68, 69, 72, 80
예심 18
예심제도 18
예심판사 18, 70
오기 마사노리 60
오기노 후지오 28, 29, 57, 58, 60
오르그뷰로 32
오모토쿄(大本教) 70

유관순 19, 20, 21, 22
유사종교 71
유중권 20, 21
유진희 39, 42
의병 11
이병천 22
이순탁 63, 65
이윤재 18
이인 27
이재복 30, 32, 33
이종세 76
이주화 47, 49
이중화 18
이토 노리오 54, 79
일본공산당 46, 47, 48, 53, 79
임윤걸 75

• ㅈ •

장덕수 12
장지영 18
적혈결사대 사건 30, 31
전향 56, 60, 65, 67, 70, 73
정재달 30, 32, 33
제령 제7호 5, 19, 22, 23, 25, 26, 27,
  28, 29, 30, 32, 33, 34, 35, 36, 39,
  40, 41, 51, 52, 53, 57, 78, 79
조병호 20
조봉암 27, 38, 48
조선공산당 32, 38, 39, 40, 41, 47,
  48, 49, 51, 52, 53, 58
조선민사령 14
조선사상범보호관찰령 59, 65, 66, 67
조선사상범예방구금령 67, 69, 72, 79,
  80
조선어학회 사건 18
조선임시보안령 68
조선태형령 15
조선형사령 14, 15, 18
조언비어(유언비어) 68
조인원 20, 21
주현갑 60
지방법원 16

• ㅊ •

천도교 39, 41
최원택 47, 48, 49, 51, 52, 53
최현배 18
출판법 11, 19, 28, 39

• ㅋ •

코민테른 24, 38, 48

• ㅎ •

한징 18
형법 9, 14, 22, 29, 32, 33, 52, 53,
  60

· 85

『형법대전(刑法大全)』 9, 11, 14, 15
형법 체계 9, 10, 14
형사소송법 14, 72
화요회 38
황염규 76
흑기연맹 사건 30

3·1운동 5, 12, 15, 18, 19, 21, 78
3·15사건 46, 53, 79
6·10만세운동 39, 40, 41

일제침탈사 바로알기 29
일제강점기 치안유지법의 성립과 적용

초판 1쇄 발행   2024년 10월 15일

지은이	전명혁
펴낸이	박지향
펴낸곳	동북아역사재단

등 록	제312-2004-050호(2004년 10월 18일)
주 소	서울시 서대문구 통일로 81 NH농협생명빌딩
전 화	02-2012-6065
홈페이지	www.nahf.or.kr
제작·인쇄	(주)동국문화

ISBN	979-11-7161-136-2 (04910)
	978-89-6187-482-3 (세트)

- 이 책은 저작권법으로 보호를 받는 저작물이므로 어떤 형태나 어떤 방법으로도 무단전재와 무단복제를 금합니다.
- 책값은 뒤표지에 있습니다. 잘못된 책은 바꾸어 드립니다.